Hans-Jörg Eckhardt

Bibelhebräisch lesen lernen

Hans-Jörg Eckhardt

Bibelhebräisch lesen lernen

Einführung in die Schrift des Alten Testaments

Daniel

5. Auflage 2026

Daniel-Verlag
Gewerbegebiet 7
D-17279 Lychen
Germany
www.daniel-verlag.de

Satz: H.J. Eckhardt
Umschlaggestaltung: Daniel-Verlag
Druck: ARKADRUK, Cieszyn, Polen
www.arkadruk.pl

ISBN 978-3-935955-88-1
ISBN 978-3-438-05512-5

Inhalt

Gedanken am Anfang

Du willst dich auf die spannende Reise begeben und die hebräische Schrift kennenlernen? Das wirst du nicht bereuen, denn allein die Form der Buchstaben hat schon einen besonderen Reiz. Findest du nicht auch?

Gewiss ist das aber nicht der einzige Grund dafür, dass du dich für Hebräisch interessierst. Du findest, dass die Bibel ein sehr spannendes Buch ist, hast bestimmt schon viel darin gelesen und möchtest jetzt gern auch einen Eindruck davon bekommen, wie das Alte Testament ursprünglich verfasst ist. Wenn die Bibel, das ewige und lebendige Wort Gottes, eine solche Anziehungskraft für dich hat – dann ist das wohl schon die richtige Motivation.

Das Ziel des Buches ist es, schrittweise das hebräische Alphabet lesen zu können. Geübt werden die Buchstaben dann mit Wörtern und Ausdrücken, die alle direkt dem Alten Testament entnommen sind. Je mehr du schon damit vertraut bist, desto mehr Namen werden dir bekannt sein.

Es geht hier nicht darum, dass du am Ende „Hebräisch kannst“, sondern du sollst so weit mit der Schrift vertraut werden, dass dir der Übergang zu einem richtigen Lehrbuch vereinfacht wird. Hinweise dazu findest du am Ende des Buches. Auch ist es nicht das

Ziel, dass du die Buchstaben schreiben kannst. Natürlich darfst du versuchen, die interessanten Schriftzeichen nachzumalen, aber in der Praxis wirst du das kaum brauchen.

Eigentlich gibt es auf der einen Seite so gute deutsche Bibelübersetzungen und auf der anderen Seite ausgezeichnete Hilfsmittel für die Grundsprachen (vor allem auf Englisch), dass man zum Verständnis der Bibel weder Hebräisch noch Griechisch lernen muss. Trotzdem wirst du bei der Beschäftigung mit dem Hebräischen des Alten Testaments deine Bibel besser kennenlernen – und das ist immer gewinnbringend. Allerdings sollte es auch Gewinn und Nutzen für andere haben. Denke nur daran, wie groß der Bedarf an Männern und Frauen, die sich der Arbeit der Bibelübersetzung hingeben, immer noch ist. Was für eine Herausforderung – vielleicht auch für dich?

Wer Hebräisch lernt, wird kein besserer Christ. Aber es kann dir helfen, mit dem einen großen Thema der Bibel mehr vertraut zu werden, und das ist der Herr Jesus Christus – auch im Alten Testament. Solltest du jedoch damit angeben wollen, dass du dich mit solch exotischen Sachen wie Hebräisch beschäftigst, dann lege das Buch bitte wieder weg. Damit ist niemandem geholfen.

Einige praktische Hinweise

Dieses Buch ist ein Arbeitsbuch, das heißt, dass du in das Buch schreiben sollst. Wenn du einen Bleistift benutzt, können eventuell noch andere damit arbeiten. Natürlich musst du auch eine Bibel haben. Da möchte ich dir eine Übersetzung empfehlen, die nicht zu „frei" übersetzt ist. Ich habe hier die Elberfelder Übersetzung[1] verwendet und immer wieder gesehen, wie leicht man darin oft dem hebräischen Text im Deutschen folgen kann.

Das meiste wird hier vereinfacht dargestellt. Das soll dir Mut machen und dir schnell zum Erfolg verhelfen. Wer also schon Experte ist, möge bitte darüber hinwegsehen, dass die Darstellung nicht so ausführlich ist wie in einem üblichen Lehrbuch. Damit kannst du dich später beschäftigen! Du wirst dich auch darauf einstellen müssen, dass es manches gibt, was dir als „Unregelmäßigkeit" vorkommt, besonders wenn du dich schon mit anderen Sprachen beschäftigt hast. Bleibe bitte ganz entspannt. Versuche nicht, jedes Detail zu durchschauen oder es auf eine Regel zu reduzieren. Nimm das Neue einfach mit Offenheit entgegen. Sprache ist so faszinierend und dynamisch!

---

[1] *Die Bibel – Elberfelder Übersetzung* (Edition CSV Hückeswagen) 1. Auflage 2005.

Was die biblischen Namen angeht, muss ich dich auch um Geduld bitten. Die hier verwendete Schreibweise ist der oben genannten Elberfelder Bibel entnommen. Je nach Bibelübersetzung kann es – aus verschiedenen Gründen – zu recht unterschiedlichen Formen im Deutschen kommen. So gibt es neben *Noomi* auch *Naemi*, *Hiob* wird auch *Ijjob* geschrieben, und in anderen Sprachen werden Namen auch verschieden wiedergegeben, wie du vielleicht schon weißt. *Elia* und *Elisa* sind *Elijah* und *Elisha* im Englischen, *Obadja* und *Haggai* heißen *Abdias* und *Aggée* auf Französisch, und *Nebukadnezar* heißt in der spanischen Bibel *Nabucodonosor*. Sei also offen für ein gewisses Maß an Abweichung in Aussprache und Schreibweise.

Es gibt im Hebräischen keine Groß- und Kleinschreibung, weil es nur *eine* Art von Buchstaben gibt. Und die wirst du am Ende kennen und lesen können! Du hast dann viele, zum Teil noch unbekannte Eigennamen aus dem Alten Testament gelesen, du hast einige hebräische Wörter gelernt und auch einen allerersten Einblick in die Grammatik bekommen. Das Ganze kann dir helfen, biblische Namen zu durchschauen und Zusammenhänge zu erkennen. Wozu das hebräische Alphabet für dich außerdem gut sein kann, erfährst du auf den letzten Seiten.

Geh nicht zu schnell vorwärts! Wiederhole viel! Blättere dazu oft zurück! Sei dankbar für Erfolge!

Selbst habe ich beim Schreiben den Wunsch verspürt, tiefer in die Sprache einzudringen. Leider war ich zu alt, als ich mit dem Lernen des Hebräischen anfing. Deshalb bin ich nicht so weit gekommen, wie ich es mir gewünscht hätte. Aber was ich gelernt habe, möchte ich gern an dich weitergeben. Du bist ja wahrscheinlich noch jung (deshalb sage ich auch einfach du) und bekommst hoffentlich einen guten Anstoß durch dieses Buch. Ob es mir gelingen wird, dich für das Weiterlernen zu begeistern?

Viel Freude mit diesen spannenden Buchstaben – und mit dem Teil der Bibel, in dem du sie findest!

Ganz am Ende des Buchs, auf den Seiten 189 und 190, findest du übrigens eine Übersicht über die Buchstaben und Zeichen, die du lernen wirst.

Kapitel 1

Wir fangen vorn an. Bei Adam. Er steht nicht nur ganz zu Beginn der Bibel, sondern sein Name fängt auch mit dem ersten Buchstaben des hebräischen Alphabets an. Hier ist dein erstes Wort: *Adam*.

אָדָם

Mit den Buchstaben, wie sie im Neuen Testament verwendet werden – nämlich ʼΑδάμ – könntest du vielleicht etwas anfangen. Aber von diesen Zeichen kommt dir mit Sicherheit nichts bekannt vor. Drei „große“ Buchstaben, und dann noch ein paar „Kleinigkeiten“ darunter? Wenn wir diesem Phänomen auf die Spur kommen wollen, müssen wir wirklich ganz vorn beginnen. Was das Lesen angeht, fangen wir aber „hinten“ an! Denn Hebräisch wird von rechts nach links gelesen! Entsprechend wird die erste Seite der hebräischen Bibel auch „hinten“ aufgeschlagen.

Welche Buchstaben entsprechen nun den vier Buchstaben im deutschen Wort *Adam*? Das sieht auf den ersten Blick nicht ganz so einfach aus, aber es macht die ganze Sache umso spannender!

Im Hebräischen werden normalerweise nur die Konsonanten (die sogenannten Mitlaute, also zum Beispiel d, g, k, l, n usw.) geschrieben. Die Vokale (Selbstlaute, wie zum Beispiel a, e, i usw.) werden beim Lesen ergänzt. Das heißt natürlich, dass man schon verstehen muss, was da steht, damit man überhaupt die Vokale ergänzen kann. Wie soll das nun funktionieren? Beispiele aus dem Deutschen können dir auf die Sprünge helfen:

n bn nd n ms

Hättest du hier „Eine Biene und eine Ameise“ erkannt? Vermutlich nicht. Aber so hoffnungslos ist es trotzdem nicht. Dafür liefert die folgende Reihe den Beweis:

m nfng schf Gtt d Hmml nd d rd

Garantiert hast du hier sofort den ersten Satz der Bibel gelesen! Diese Wörter haben einfach mehr Konsonanten, und deshalb lassen sie sich lesen und verstehen – auch ohne die Vokale.

Ein hebräisches Wort hat nun immer ein Grundgerüst an Konsonanten (oft sind es drei), die die Bedeutung ergeben – auch ohne Vokale.

Dabei ist es sehr beruhigend, dass eine gewöhnliche hebräische Bibel, wie du sie dir in der Buchhandlung kaufen kannst[2], auch mit Vokalen versehen ist. (In einer Tageszeitung im heutigen Israel finden sich übrigens normalerweise keine Vokale!)

Wir kehren jetzt wieder an den Anfang zurück – zu

אָדָם

[2] Hinweise dazu bekommst du im Anhang *Bücher, die weiterhelfen.*

Die drei Buchstaben sind die eigentlichen Konsonanten, und die Zeichen darunter stehen für die Vokale, die *nach* dem jeweiligen Konsonant gesprochen werden. Natürlich hast du schon erkannt, dass in diesem Fall die beiden Vokalzeichen für /a/[3] stehen müssen.[4] Garantiert überlegst du nun schon intensiv, welche *drei* Konsonanten denn dieser Name haben soll. Denn im Deutschen hat er ja nur zwei: /d/ und /m/.

Hier haben wir wieder eine Eigenart des Hebräischen: Nicht jeder Buchstabe (also Konsonant) wird auch als Konsonant gesprochen. (Dass das ursprünglich einmal ein jetzt nicht mehr gesprochener Knacklaut war, lassen wir hier einfach außer Acht.) Man kann es so ausdrücken, dass es Konsonanten gibt, die nur als „Träger" eines Vokals dienen. Und das ist hier der Fall mit dem ersten (von rechts gelesenen!) Buchstaben **א**. Dieses Zeichen ist in seiner schönen Form ganz charakteristisch für die hebräische Schrift. Es heißt **Aleph** und steht an der ersten Stelle des hebräischen Alphabets. Aber obwohl der Buchstabe da steht, wo wir im deutschen Alphabet das A haben (oder im griechischen Alphabet

---

3 Um die Aussprache eines Buchstabens zu bezeichnen, schreibt man sie üblicherweise zwischen zwei Schrägstriche.

4 Genauer wäre, dass dieser Vokal in unbetonter und geschlossener Silbe als ein kurzes /o/ gesprochen wird. Da es jedoch für den Anfänger nicht einfach ist, die Qualität der Silbe zu erkennen, bleiben wir hier bei der Aussprache /a/.

das Alpha α), wird er nur dann als /a/ gesprochen, wenn das Vokalzeichen für /a/ darunter steht. Klar? Klar! Steht also ein anderes Vokalzeichen unter dem Aleph, wird nur dieser Vokal gesprochen, weil ja das Aleph selbst sozusagen stumm bleibt.

> Übrigens:
> Jede Sprache hat ihre spannenden Eigenarten, die du am besten einfach hinnimmst, wie sie sind. Auch deine Muttersprache ist alles andere als logisch! (Aber ein Geschenk Gottes ☺.)

Kommen wir zum zweiten Buchstaben. Er heißt **Daleth**, sieht so aus: ד und wird /d/ gesprochen. Das Daleth kann auch einen Punkt in der Mitte haben: דּ, was aber an der Aussprache nichts ändert. Darunter steht wieder das Zeichen für den Vokal /a/, nämlich das ָ . (Dieses Zeichen hat auch einen Namen – es heißt **Qamez**.) Zusammen ergibt das Ganze dann /da/.

Und der letzte Buchstabe kann jetzt nur noch für ein /m/ stehen. Er heißt **Mem**.

Weißt du, dass du jetzt dein erstes hebräisches Wort gelesen hast?

WIEDERHOLUNG

Um ganz sicher zu sein, fassen wir noch mal zusammen:

→ Hebräisch wird von rechts nach links gelesen.

→ Alle Buchstaben sind eigentlich Konsonanten (Im hebräischen Alphabet mit seinen 22 Buchstaben gibt es also gar keine reinen Vokale.)

→ In gedruckten Bibeln stehen Vokalzeichen bei den Konsonanten. Der Vokal wird *nach* dem Konsonanten gesprochen, zu dem er gehört. (Übrigens ist in diesem Buch ein Satzzeichen *neben* einem Buchstaben nicht mehr als eben ein Satzzeichen, wie Komma, Punkt, Doppelpunkt usw. und nicht als Vokal zu verstehen.)

→ א ist der erste Buchstabe im Alphabet und heißt Aleph. Ohne Vokalzeichen ist er stumm; nur der Vokal, der dazugehört, wird gesprochen.

→ Das Vokalzeichen für /a/ ist ָ und heißt Qamez. Somit wird אָ einfach nur /a/ (oder als kurzes, offenes o, siehe S. 14) gesprochen.

→ Die Kombination דָ (Daleth plus Vokalzeichen für /a/) wird dann /da/ gesprochen. Daleth mit Punkt in der Mitte: דּ hat dieselbe Aussprache.

→ Das Wort endet mit einem Mem ם, das /m/ gesprochen wird.

Jetzt kennst du schon drei Konsonanten sowie ein Vokalzeichen. Und du kannst den Namen des ersten Menschen auf Hebräisch lesen!

Nun noch eine Übung. Du musst dich ja langsam auf das Erscheinungsbild dieser Schrift einstellen. Suche deshalb in dem folgenden hebräischen Satz das Wort *Adam* und markiere es.

זֶה סֵפֶר תּוֹלְדֹת אָדָם בְּיוֹם
בְּרֹא אֱלֹהִים אָדָם בִּדְמוּת אֱלֹהִים עָשָׂה אֹתוֹ

Du hast hoffentlich genau hingesehen und entdeckt, dass das Wort zweimal vorkommt. Du findest den Satz in 1. Mose 5,1.

> Übrigens:
> Wer der Bibel glauben will und gleichzeitig meint, Gott könne mit Hilfe der Evolution geschaffen haben, der tut der Bibel Gewalt an. Ein Adam hat in dieser Vorstellung keinen Platz. Und auch die Aussage des Herrn Jesus in Markus 10,6 ergibt dann keinen Sinn: „Von Anfang der Schöpfung an aber machte Gott sie als Mann und Frau.“ Und das Ende von Jesu Geschlechtsregister in Lukas 3 auch nicht. Und die mehrfachen Erwähnungen Adams in den Briefen des Paulus auch nicht. Wer die Geschichtlichkeit der ersten Seiten der Bibel in Frage stellt, rüttelt an ihrem ganzen Inhalt.

LÖSUNG

Das Wort *Adam* ist jeweils grau schattiert.

זֶה סֵפֶר תּוֹלְדֹת אָדָם בְּיוֹם
בְּרֹא אֱלֹהִים אָדָם בִּדְמוּת אֱלֹהִים עָשָׂה אֹתוֹ

Mit diesem ersten Erfolgserlebnis willst du natürlich sofort in Kapitel 2 weiterlernen.

Kapitel 2

Wir waren bei אָדָם, dem ersten Menschen. Wie hatte Gott ihn gebildet? In 1. Mose 2,7 kannst du lesen, dass Er „Staub vom Erdboden“ nahm. Deshalb bedeutet אָדָם auch so viel wie „von der Erde“. Im Hebräischen sieht man den Zusammenhang auch sehr gut, weil *Erdboden* nämlich *adamah* heißt. Die Grundbedeutung der drei Konsonanten ist eigentlich *rot* – wie die rötliche Erde.

Nun gab es im ersten Buch Mose einen Mann, der unbedingt etwas Rotes essen wollte, sogar um den Preis seines Erstgeburtsrechts. Hat es geklickt? Dieser Esau erhielt deshalb auch einen weiteren Namen. Nachlesen kannst du es in 1. Mose 25,30.

NEUER BUCHSTABE

Wenn du dir den Namen *Edom*

אֱדוֹם

genauer ansiehst, stellst du etwas Interessantes fest: Drei der Buchstaben decken sich mit denen des Namens *Adam*. Das Vokalzeichen unter dem Aleph steht für ein /ä/. Der Grundvokal mit dieser Aussprache hat nur drei Punkte und heißt **Segol** **אֶ**. Stehen noch zwei Punkte daneben, verkürzt das die Aussprache etwas. Vereinfachend halten wir fest, dass **אֶ** und **אֱ** beide für /ä/ stehen.

Zwischen dem Daleth und dem Mem hat sich ein neuer Buchstabe eingeschlichen. Er heißt **Waw** und wird in seiner Grundform so geschrieben: ו.

Dieser Buchstabe hat es in sich: Als Konsonant wird er wie der erste Laut in *Wasser* gesprochen, also /w/. (Die Aussprache ist immer stimmhaft und nicht /f/.)

Er kann aber auch mit einem Vokalzeichen versehen werden und wird dann nur als Vokal gesprochen! In unserem Fall אֱדוֹם steht ein Punkt über dem Waw, und das Ganze hat dann den Lautwert /o/. (Wie wir noch sehen werden, steht der Punkt allein auch für /o/, wenn er sich links oben über dem Buchstaben befindet, zum Beispiel דֹ für /do/.) Hier verhält sich das Waw wie das Aleph: Beide tragen nur den Vokal.

Und das Waw hat noch eine Eigenart: Wenn es so aussieht: וּ, wird es /u/ gesprochen!

Das ist ganz schön verwirrend und passt vielleicht nicht in deine Vorstellung, nach der das Verhältnis von Buchstabe und Aussprache irgendwie doch eindeutig und „logisch“ sein muss.

Am besten gewöhnst du dich daran, dass man sich im hebräischen Alphabet auf einiges einstellen muss, was einem sehr ungewöhnlich vorkommt.

Wir fassen noch einmal zusammen:

→ Waw allein ו: Konsonant /w/ (wie in *Wasser*)

→ Waw mit Punkt darüber wie in אֱדוֹם: Vokal /o/

→ Waw mit Punkt in der Mitte וּ: Vokal /u/

SATZBAU

Der Buchstabe Waw kommt in der hebräischen Bibel übrigens sehr häufig vor. Besonders am Satzanfang in dieser Form: וְ. In einigen deutschen Bibelübersetzungen gibt man das wörtlich wieder mit *und.* Wenn du zum Beispiel mit der Elberfelder Bibel vertraut bist, hast du dich vielleicht manchmal gewundert, warum so viele Sätze mit *und* anfangen. Jetzt weißt du es!

Dieses וְ verschmilzt übrigens mit dem nachfolgenden Wort und steht nicht allein wie im Deutschen. Je nach Zusammenhang kann unter dem Waw auch ein anderes Vokalzeichen stehen (auch וּ kommt oft vor), aber die Bedeutung ist dieselbe.

NEUER BUCHSTABE

Es gibt noch einen Buchstaben, der auch /w/ ausgesprochen wird, und das ist das **Beth**. Und damit kehren wir wieder zum hebräischen Alpha**bet** zurück.

Bevor wir das tun: Mit Sicherheit weißt du jetzt auch, woher unser deutsches Wort *Alphabet* stammt. Wir haben es aus dem Griechischen, weil dort die beiden ersten Buchstaben im Alphabet eben *Alpha* und *Beta* heißen. Aber diese Wörter gehen letztlich zurück auf die hebräischen Namen der Buchstaben *Aleph* und *Beth.*

Das **Beth** ist also der zweite Buchstabe nach dem א und wird so geschrieben: ב. Beachte bitte genau die Form, vor allem die Ecke unten rechts. Es gibt nämlich einen anderen Buchstaben, der diese Ecke nicht hat.

Auch wenn die Aussprache /w/ lautet, so kommt es doch vor, dass wir im Deutschen an dieser Stelle oft ein /b/ sprechen. Weiter unten wirst du dafür Beispiele bekommen.

Wenn das Beth innen mit einem Punkt versehen ist, also בּ, wird es auch im Hebräischen immer /b/ gesprochen. (Du siehst also, dass zusätzliche Zeichen nicht nur für Vokale stehen. Und der Punkt in der Mitte eines Buchstabens kommt recht oft vor – allerdings nicht immer mit derselben Funktion!)

Kombinieren wir nun die ersten beiden Buchstaben des hebräischen Alphabets miteinander und setzen ein /a/ (*Qamez*) unter das Aleph, so erhalten wir ein sinnreiches Wort:

אָב

Es heißt *Vater* und wird /aw/ gesprochen. Findest du das Wort in diesem Satz?

אֲדֹנִי שָׁאַל אֶת־עֲבָדָיו לֵאמֹר הֲיֵשׁ־לָכֶם אָב אוֹ־אָח

Hier wird Joseph zitiert, der wissen möchte, ob seine Brüder noch einen Vater oder einen Bruder haben (1. Mose 44,19).

NEUER BUCHSTABE

Sieh dir nun den folgenden Namen aus dem 1. Buch Mose an:

אַבְרָם

Drei Konsonanten kennst du schon, und von den Vokalzeichen ist dir das Qamez als /a/ bekannt. Neu ist der dritte Buchstabe. Das ר ist ein **Resch** und wird /r/ gesprochen.

Auch bei diesem Zeichen musst du wieder genau hinsehen: Die obere rechte Ecke ist gerundet – anders als beim Daleth, das du schon kennst: ד. Diese Feinheiten musst du unbedingt beachten! Jetzt fehlen noch die beiden Vokalzeichen. Der Strich unter dem Aleph entspricht auch einem /a/, das jedoch in der Regel kürzer als das Qamez gesprochen wird. Dieses /a/ hat die hebräische Bezeichnung **Patach**.

Den Doppelpunkt unter dem Beth kennst du schon von וְ (mit der Bedeutung *und*). Er wird als ein schwaches /e/ gesprochen wie der letzte Laut in *alle*. Der Name dieses Vokalzeichens ist **Schwa**.

(Wenn es zusammen mit Segol בֱ, Qamez בֳ oder Patach בֲ steht, bewirkt es, dass diese etwas kürzer gesprochen werden.)

Spätestens jetzt hast du gemerkt, dass das System mit den Vokalen es wirklich in sich hat. Da dein Ziel aber ist, Hebräisch lesen zu können, nimmst du diese Information einfach hin, wie du sie hier findest. Später erhältst du eine Übersicht, die zeigt, wie jedes Zeichen zu lesen ist; und mit dieser Vereinfachung müssen wir uns hier begnügen.

Oft kommt es auch vor, dass das Schwa ganz stumm ist, trotzdem aber stehen muss, wenn zwei Konsonanten aufeinanderstoßen – wie in dem Wort אַבְרָם.

Sicher hast du längst den Namen erkannt, den der Erzvater Abraham ursprünglich trug. *Abram* (/awram/ gesprochen) heißt „erhabener Vater“.

Der Vers, in dem aus *Abram* ein *Abraham* wird, steht in 1. Mose 17,5. Findest du die beiden Wortformen in diesem Satz? Markiere sie und vergleiche mit der Auflösung am Ende des Kapitels.

וְלֹא־יִקָּרֵא עוֹד אֶת־שִׁמְךָ אַבְרָם וְהָיָה שִׁמְךָ אַבְרָהָם

Das war viel Stoff! Damit du nichts vergisst, fassen wir noch einmal alle Buchstaben und Zeichen zusammen – auch die aus dem ersten Kapitel.

WIEDERHOLUNG

→ Die Konsonanten

א Aleph – nur Träger von Vokalen

ב Beth – Aussprache /w/ (oder bei Namen im Deutschen auch /b/ – siehe *Abraham*.) Mit Punkt בּ immer /b/

ד oder דּ: Daleth – Aussprache /d/

ו Waw – Aussprache /w/, aber: mit Punkt darüber וֹ /o/, mit Punkt in der Mitte וּ /u/

ם Mem – Aussprache /m/. Beachte bitte, dass diese Form nur am Ende eines Wortes vorkommt! Die „normale" Form des Mem sieht so aus: מ.

ר Resch – Aussprache /r/

→ Die Vokalzeichen

Sie kommen ja nicht allein vor, weshalb wir sie einfach mit einem Mem verbinden:

מָ מֳ /ma/: Qamez (siehe aber Fußnote auf S. 14)

מַ מֲ /ma/: Patach

מֶ מֱ /mä/: Segol

מְ /me/ (schwach! wie in *Besuch*) – oder ganz stumm

→ Das ו zu Beginn eines Wortes mit einem Vokalzeichen versehen entspricht oft (aber nicht immer!) dem deutschen *und*.

→ Resch ר und Daleth ד müssen genau auseinandergehalten werden.

> Übrigens:
> Wenn der Herr Jesus sagt: „Es ist leichter, dass der Himmel und die Erde vergehen, als dass *ein* Strichlein des Gesetzes wegfalle“ (Lukas 16,17), dann hat Er vermutlich diese „Kleinigkeit“ damit gemeint, die zum Beispiel ein Resch ר von einem Daleth ד unterscheidet.

LÖSUNGEN

In diesem Satz solltest du das Wort für *Vater* finden:

אֲדֹנִי שָׁאַל אֶת־עֲבָדָיו לֵאמֹר הֲיֵשׁ־לָכֶם **אָב** אוֹ־אָח

Und hier solltest du *Abram* und *Abraham* finden:

וְלֹא־יִקָּרֵא עוֹד אֶת־שִׁמְךָ **אַבְרָם** וְהָיָה שִׁמְךָ **אַבְרָהָם**

Ich bin sicher, dass du das ohne Probleme geschafft hast. Wenn dir bei dem letzten Wort אַבְרָהָם noch etwas unklar sein sollte – wofür gibt es das dritte Kapitel?

Kapitel 3

Hier kannst du zeigen, was du dir aus den ersten beiden Kapiteln behalten hast. Schreibe die deutschen Entsprechungen neben diese Wörter:

אָדָם –

אָב –

אֱדוֹם –

אַבְרָם –

Am Ende des vorigen Kapitels hast du auch die Langform *Abraham* gefunden: אַבְרָהָם. Hier ist dir ein neuer Buchstabe aufgefallen, dessen Aussprache du aber sicher schon herausgefunden hast.

NEUER BUCHSTABE

Das **He** (es steht im Alphabet nach dem Daleth) sieht also so aus: ה und wird in den meisten Fällen /h/ gesprochen. (Am Wortende ist es gewöhnlich stumm. Soll es dennoch als /h/ gesprochen werden, schreibt man: הּ.) Beachte bitte, dass die linke Linie nicht bis ganz zur oberen Ecke führt! Darin unterscheidet sich das He von einem weiteren Buchstaben, den du auch bald kennenlernen wirst.

Wenn das He vor einem Substantiv (Hauptwort) steht, hat es die grammatische Funktion des bestimmten Artikels, entspricht also den deutschen Artikeln *der*, *die* oder *das*. Erfreulicherweise muss die Unterscheidung der grammatischen Geschlechter im Hebräischen beim Artikel nicht beachtet werden. Und einen unbestimmten Artikel wie *ein*, *eine* im Deutschen gibt es gar nicht.

Das He muss natürlich mit einem Vokalzeichen versehen sein, damit man es aussprechen kann, also zum Beispiel הָ. Je nach Lautzusammenhang können aber auch andere Vokale stehen. Das Besondere ist nun, dass dieser bestimmte Artikel nicht wie im Deutschen ein eigenständiges Wort bildet, sondern mit dem nachfolgenden Substantiv eine Einheit bildet (ähnlich wie das in Kapitel 2 genannte Waw mit der Bedeutung *und*).

Sieh dir nun einmal dieses Wort an: הָאָדָם. Wenn du alles zusammennimmst, was du bis jetzt gelernt hast, kommst du zu der Aussprache /haadam/. Wörtlich heißt das „der Adam"; in unserer Bibel finden wir es wiedergegeben mit „der Mensch".

AUFGABE A

Ein Beispiel dafür steht in 1. Mose 2,7. Findest du die Stelle, wo „der Mensch" steht?

וַיְהִי הָאָדָם לְנֶפֶשׁ חַיָּה

Bevor wir einen neuen Buchstaben ansehen, der dem He sehr ähnlich sieht, bekommst du noch eine Aufgabe. Da du erst wenige Buchstaben kennst (aber immerhin schon ein Drittel des hebräischen Alphabets!), sind die Beispiele etwas ausgefallen. Aber es sind tatsächlich in der Bibel vorkommende Namen. Am besten siehst du dir die Zusammenfassung am Ende von Kapitel 2 vorher noch einmal an.

AUFGABE B

Ordne zu und trage hinter dem hebräischen Namen die entsprechende Ziffer aus der rechten Spalte ein.

מוֹאָב		1. Mara (Ruth 1,20)
מָרָא		2. Arwad (Hesekiel 27,11)
וְהָרַבָּה		3. Moab (1. Mose 19,37)
הֲדַד		4. Merab (1. Samuel 14,49)
מֵרַב		5. Hadad (1. Mose 36,35)
אַרְוַד		6. Rabba (Josua 15,60)

Dazu noch ein paar Erläuterungen:

מוֹאָב hast du richtig als *Moab* erkannt. Hier haben wir das Mem in seiner „normalen“ Form, nachdem wir zuerst die Form kennengelernt hatten, die am Wortende steht: ם. Mem kommt auch mit Punkt vor: מּ. – Weiter oben sagten wir schon einmal, dass das Beth im Deutschen mal als /b/, mal als /w/ wiedergegeben wird.

Den Namen מָרָא (d. h. „die Bittere“) gab Noomi sich selbst. Das Aleph am Ende scheint uns überflüssig zu sein. Wir müssen aber einfach vom Hebräischen ausgehen – und da wird das Wort eben mit Aleph am Ende geschrieben.

Bei dem Wort וְהָרַבָּה hast du vermutlich ein wenig geschwitzt. Die Buchstaben und Vokalzeichen kennst du alle; aber wie sollen wir das Wort „auseinandernehmen“? Hier wird deutlich, wie sehr man sich darin üben muss, das Kernwort herauszufinden, weil andere Wortbestandteile oft damit verschmelzen. Das וְ am Wortanfang hatten wir schon in Kapitel 2. Wir übersetzen es mit *und*. Danach kommt das הָ, und auch das kennst du als bestimmten Artikel, der hier vor dem Eigennamen steht. Der Rest ist dann klar, oder? Die wörtliche Übersetzung wäre dann „und das Rabba“.

In dem Wort מֵרַב hat sich ein weiteres Vokalzeichen eingeschlichen. Aber du hast die beiden Punkte unter dem Mem richtig als /e/ gedeutet. Das Zeichen heißt **Zere**.

אַרְוַד dürfte das einfachste der Wörter gewesen sein: *Arwad*. Das Schwa zwischen den beiden Konsonanten bleibt stumm.

NEUER BUCHSTABE

Nun kommen wir endlich zu dem Buchstaben, der dem He ה so ähnlich sieht und daher genau von ihm unterschieden werden muss. Das **Cheth** schließt die Linie links bis in die obere Ecke und sieht so aus: ח. Es entspricht dem deutschen /ch/ in *Nacht*. Weil sich dieses Cheth von dem He in der Aussprache nicht so sehr unterscheidet (beides sind ja Kehllaute), wird das Cheth in der deutschen Bibel auch oft h geschrieben. Ein exakte Zuordnung von He zu /h/ oder Cheth zu /ch/ gibt es also nicht. So wird zum Beispiel der zweite Sohn Noahs חָם eigentlich /cham/ gelesen, obwohl wir ihn meist mit *Ham* wiedergeben. Und in 2. Mose 17,10 sind Mose und Aaron „und Hur“ וְחוּר auf dem Berg und beten für das kämpfende Volk. Die hebräische Aussprache ist also eigentlich /chur/.

NEUES WORT

In Kapitel 2 hast du den hebräischen Text der Frage Josephs vor dir (1. Mose 44,19). Dort will er wissen, ob seine Brüder noch einen Vater oder einen Bruder haben. Das Wort für *Bruder* steht an letzter Stelle im Satz, wird /ach/ gesprochen und sieht so aus:

אָח

AUFGABE C

Ordne zu, indem du die passenden Übersetzungen mit einer Linie verbindest:

und Achrach (1. Chronik 8,1)	חַרְחוּר
und Habor (1. Chronik 5,26)	וְאַחְרַח
Harchur (Esra 2,51)	רָחֵל
Rahel (1. Mose 29,6)	וְחָבוֹר

NEUER BUCHSTABE

Und wieder ist ein neuer Buchstabe eingebaut, den du ohne Problem erraten hast. Für die Aussprache /l/ steht das hebräische ל. Auch dieser Buchstabe **Lamed** kommt – bei gleicher Aussprache – mit Punkt in der Mitte vor: לּ. Das Zeichen fällt dadurch auf, dass es als einziges in der Höhe über die anderen hinausragt. Die meisten sehen ja so aus, als würden sie sich in ein gedachtes Quadrat einordnen, weshalb man die Schrift auch *Quadratschrift* nennt.

AUFGABE D

Findest du in diesem Satz den Namen der ersten Frau Jakobs?

וַיְהִי בַבֹּקֶר וְהִנֵּה־הִוא לֵאָה

Wenn du noch nicht wusstest, wie sie hieß, kannst du die Antwort in 1. Mose 29,25 nachlesen.

AUFGABE E

Und wie hieß der König, der seine Weisheit in Sprüche 31 aufgezeichnet hat? In Vers 1 stellt er sich vor als:

לְמוּאֵל

AUFGABE F

Einer der Söhne Sems hieß *Lud*. Markiere den Namen in diesem Satz (1. Chronik 1,17):

בְּנֵי שֵׁם עֵילָם וְאַשׁוּר וְאַרְפַּכְשַׁד וְלוּד וַאֲרָם וְעוּץ

Das Waw steht mal wieder vor dem Namen, wie übrigens vor allen Namen dieser Aufzählung. Allerdings mit unterschiedlichen Vokalzeichen – wie wir früher schon einmal feststellten.

AUFGABE G

Wie hieß der Ort, an dem sich Mephiboseth, der Sohn Jonathans, aufhielt?

לוֹ דְבָר

In 2. Samuel 9,4 und 5 findest du die Antwort.

SATZBAU

Der Buchstabe Lamed hat noch eine wichtige grammatische Funktion. Du weißt schon, dass ein vorgestelltes Waw mit Vokal *und* bedeutet, und in diesem Kapitel hast du gelernt, dass ein He mit Vokal den bestimmten Artikel ausdrückt. Genauso kann Lamed mit Vokal vor einem Substantiv oder Namen stehen und bedeutet dann *für*, *nach*, *zu*. Oder es ist einfach das Zeichen für den Wem-Fall (Dativ) wie hier in 1. Mose 3,21:

לְאָדָם

Wem machte Gott Röcke? „(Für) Adam (und Eva)."

Und hier teilt Jakob Rahel („Wem?") mit, dass er zu ihrer Verwandtschaft gehört (1. Mose 29,12):

לְרָחֵל

WIEDERHOLUNG

Wir ordnen nun einmal alle Buchstaben, die wir bisher hatten, in der Reihenfolge des hebräischen Alphabets. Wiederholung ist sehr wichtig, und du sparst dir dadurch das Blättern.

1	א	Aleph	Vokalträger
2	ב בּ	Beth	/w/ – בּ immer /b/.
4	ד דּ	Daleth	/d/ – zu unterscheiden von ר!
5	ה הּ	He	/h/ – oft auch stumm (siehe *Lea*)
6	ו	Waw	/w/ – וֹ /o/, וּ /u/
8	ח	Cheth	/ch/ (Ach-Laut) – Unterschied zu ה!
12	ל לְ	Lamed	/l/

13 מּ מּ Mem /m/ – am Wortende ם

20 ר Resch /r/ – nicht verwechseln mit ד!

Alle bis jetzt bekannten Vokalzeichen verbinden wir mit einem Aleph:

אָ אֳ	/a/ (siehe aber Fußnote S. 14)	Qamez
אַ אֲ	/a/	Patach
אֵ	/e/	Zere
אֶ אֱ	/ä/	Segol
אְ	/e/ (schwach!) oder stumm	Schwa

→ Der bestimmte Artikel wird als ה (He) plus Vokal vor das Substantiv gestellt und verschmilzt mit diesem zu *einem* Wort.

→ Ein Lamed mit Vokal vor einem Substantiv oder Namen drückt den Dativ aus oder kann mit *für*, *nach*, *zu* übersetzt werden.

→ Es ist wichtig, diese kleinen Wortbestandteile zu erkennen, wenn man ein Wort analysiert, um zum Kern durchzudringen. Will man ein Substantiv im Wörterbuch finden, muss man natürlich zum Beispiel den bestimmten Artikel, das Waw oder das Lamed weglassen.

→ Neben אָב /aw/ für *Vater* kennst du auch das hebräische Wort für *Bruder*: אָח /ach/.

Wenn אָב אוֹ־אָח „Vater oder Bruder“ heißt, kennst du noch ein Wort, nämlich *oder*: **אוֹ**. Weil das Aleph sozusagen stumm bleibt, wird nur der dazugehörige Vokal gesprochen: /o/. Das Wort ist hier durch einen Strich mit dem nachfolgenden Substantiv verbunden. (Dadurch werden die beiden Wörter zu einer Tongruppe zusammengeschlossen. Einen Namen hat dieser Bindestrich natürlich auch: **Maqqeph**.)

LÖSUNGEN

Aufgabe A:

An der schraffierten Stelle steht „der Mensch“:

וַיְהִי הָאָדָם לְנֶפֶשׁ חַיָּה

Aufgabe B:

מוֹאָב	3	הֲדַד	5
מָרָא	1	מֵרַב	4
וְהַרְבָּה	6	אַרְוַד	2

Aufgabe C:

und Achrach (1. Chronik 8,1)	וְאַחְרַח
und Habor (1. Chronik 5,26)	וְחָבוֹר
Harhur (Esra 2,51)	חַרְחוּר
Rahel (1. Mose 29,6)	רָחֵל

Aufgabe D:

Schraffiert steht hier der Name *Lea*:

וַיְהִי בַבֹּקֶר וְהִנֵּה־הִוא לֵאָה

Aufgabe E:

Der weise König aus Sprüche 31 heißt *Lemuel*.

Aufgabe F:

Schraffiert ist hier der Name *Lud* mit vorgestelltem *und*:

בְּנֵי שֵׁם עֵילָם וְאַשּׁוּר וְאַרְפַּכְשַׁד וְלוּד וַאֲרָם וְעוּץ

Aufgabe G:

Mephiboseth wurde aus *Lodebar* geholt.

Kapitel 4

In diesem Kapitel sollst du zunächst zwei weitere wichtige Buchstaben sowie noch ein Vokalzeichen kennenlernen. Und du bekommst einmal ausführlicher Gelegenheit, das bis jetzt Gelernte mit weiteren alttestamentlichen Namen zu üben.

NEUER BUCHSTABE

Wir füllen die Lücke an Platz 3 des Alphabets auf und lernen den Buchstaben **Gimel** kennen. Die Aussprache ist immer /g/. Das Zeichen sieht so aus: ג bzw. גּ – bei gleicher Aussprache.

Verbinden wir nun das Gimel mit seinem rechten Nachbarn im Alphabet, erhalten wir den Namen des siebten Sohnes von Jakob:

גָּד

Eine Übersetzung erübrigt sich wohl.

Im Buch Hesekiel (38,2) kommen die Bezeichnungen *Gog* und *Magog* vor. Hier sind sie auf Hebräisch:

גּוֹג מָגוֹג

Und wie hieß der Ort, an dem Isaak sich in 1. Mose 26,6 aufhielt?

גְּרָר

Es war *Gerar*. Wenn du dir den Satz jetzt im Ganzen ansiehst (1. Mose 26,6), stellst du fest, dass dem Namen noch etwas vorangestellt ist:

וַיֵּשֶׁב יִצְחָק בִּגְרָר

Dieses בּ ist eine sehr häufig vorkommende „Vorsilbe“, die Nähe ausdrückt und an dieser Stelle mit *in* übersetzt wird.

Du kennst schon das Waw mit der Bedeutung *und,* das He mit der Funktion des bestimmten Artikels und das Lamed zum Ausdruck (zum Beispiel) des Dativs. Genauso wird auch dieses Beth als „Vorsilbe“ direkt vor das Wort gesetzt und verschmilzt damit. Natürlich muss sie auch einen Vokal annehmen. Zur Verdeutlichung könnte man im Deutschen so sagen: *inGerar*. (Hast du gesehen, dass jetzt der Punkt im Gimel verschwunden ist? Solche Veränderungen wirst du oft beobachten – aber wir wollten diese Details ja einfach so hinnehmen, wie sie uns begegnen ...)

Der Punkt *im* Beth weist bekanntlich auf die Aussprache /b/ hin. Und der Punkt *unter* dem Beth muss natürlich ein Vokal sein, weil sonst der Übergang zum /g/ ziemlich schwierig zu sprechen wäre. Dieser Punkt steht für /i/ und heißt **Chireq**.

Präge dir bitte genau ein, welches „kleine“ Zeichen wofür steht. Befindet es sich *in*, *unter* oder *über* dem Buchstaben? Dies ist von entscheidender Bedeutung für die Aussprache und das Verständnis.

Hier ein Beispiel, in dem wir Gimel /g/ und Chireq /i/ miteinander verbinden. Kannst du den Namen lesen?

גִּלְגָּל

Es ist der erste Lagerplatz der Israeliten nach der Überquerung des Jordan – nachzulesen in Josua 4,19. Wenn nun dort steht, dass sie „in Gilgal" lagerten, so sollten wir wieder ein Beth vor dem Namen erwarten. Und richtig:

בַּגִּלְגָּל

Du gewöhnst dich hoffentlich schon daran, dass die Vokale ziemlich viel Abwechslung zeigen, denn nun steht unter dem Beth kein /i/ sondern ein /a/. Immer wieder wird deutlich, dass die Konsonanten das eigentlich Beständige sind.

NEUER BUCHSTABE

Ein Buchstabe, der dem Gimel ג relativ ähnlich sieht, ist das **Nun**: נ. Wie du siehst, besteht der Unterschied nur in der rechten unteren Ecke. Hier heißt es wieder, besonders aufmerksam hinzusehen. Die Aussprache ist ganz einfach /n/. Auch das Nun kommt mit Punkt vor: נּ, ohne dass sich die Aussprache verändert.

Du erinnerst dich, dass das Mem מ noch die Nebenform ם hat, die dann steht, wenn ein Wort mit einem /m/ abschließt. Das Gleiche gilt auch für das Nun: Am Wortende sieht der Buchstabe so aus: ן. Hier muss der Unterschied zum Waw ו beachtet werden, das sich nicht so weit nach unten erstreckt.

Sehen wir uns nun ein Beispiel an, in dem das „normale“ Nun, das End-Nun und das Waw (hier als Vokal) zusammen vorkommen. Kannst du das Wort lesen?

נוּן

Es handelt sich um *Nun*, den Vater Josuas. Dieser wird dann auch häufig als „Sohn Nuns“ bezeichnet, zum Beispiel in 2. Mose 33,11. Das sieht im Hebräischen so aus:

בִּן־נוּן

Denkst du an die Bedeutung von Namen wie *Benjamin* („Sohn der Rechten“) oder *Benoni* („Sohn meines Schmerzes“), so weisen die Konsonanten בן schon auf die Bedeutung *Sohn* hin. In Verbindung mit einem Eigennamen steht oft der Vokal /i/. Das alleinstehende Wort wird /ben/ gesprochen und so geschrieben:

בֵּן

Neben den Wörtern für *Vater* אָב und *Bruder* אָח kennst du jetzt schon eine dritte Verwandtschaftsbezeichnung.

Wie angekündigt sollst du ja die Gelegenheit zum Üben bekommen. Vorher fassen wir aber noch einmal zusammen, was in diesem Kapitel neu war.

WIEDERHOLUNG

→ Der Laut /g/ entspricht dem Hebräischen ג bzw. גּ. Der Buchstabe heißt Gimel.

→ Direkt am Anfang eines Wortes drückt בּ (mit unterschiedlichen Vokalen) Nähe aus und wird zum Beispiel mit *in* übersetzt.

→ Ein Punkt *unter* einem Buchstaben steht für /i/ und heißt Chireq.

→ Der Buchstabe Nun נ bzw. נּ wird /n/ gesprochen und muss von Gimel גּ unterschieden werden. Am Wortende wird die rechte Linie nach unten verlängert: ן.

→ Das Wort für *Sohn* lautet /ben/: בֵּן.

Zum Lösen der nachfolgenden Aufgaben wird es dir helfen, wenn wir die Übersichten aus Kapitel 3 vervollständigen:

→ Konsonanten

1	א	Aleph	Vokalträger
2	ב בּ	Beth	/w/ oder /b/. בּ immer /b/.
3	ג גּ	Gimel	/g/
4	ד דּ	Daleth	/d/ – zu unterscheiden von ר!
5	ה הּ	He	/h/ – oft auch stumm (siehe *Lea*)
6	ו	Waw	/w/ – וֹ /o/, וּ /u/
8	ח	Cheth	/ch/ – Unterschied zu ה!
12	ל לּ	Lamed	/l/

13	מּ מ	Mem	/m/ – am Wortende ם
14	נּ נ	Nun	/n/ – zu unterscheiden von גּ! Wortende: ן
20	ר	Resch	/r/ – nicht verwechseln mit ד!

→ Alle bis jetzt bekannten Vokale (vereinfacht):

אָ אֳ	/a/ (siehe aber Fußnote S. 14)	Qamez
אַ אֲ	/a/	Patach
אֵ	/e/	Zere
אִ	/i/	Chireq
אֶ אֱ	/ä/	Segol
אְ	/e/ (schwach!) oder stumm	Schwa
וֹ	/o/	
וּ	/u/	

Und nun endlich zu den Aufgaben:

AUFGABE A

1. In diesem Vers (1. Könige 7,2) kommt das Wort *Libanon* vor. Beachte bitte beim Suchen, dass der bestimmte Artikel vorangestellt ist. Im Deutschen sagen wir übrigens auch „*der* Libanon“.

וַיִּבֶן אֶת־בֵּית יַעַר הַלְּבָנוֹן

2. Einer der Söhne Aarons hieß *Nadab*. Finde den Namen in diesem Vers (4. Mose 3,2):

וְאֵלֶה שְׁמוֹת בְּנֵי־אַהֲרֹן הַבְּכוֹר נָדָב וַאֲבִיהוּא אֶלְעָזָר וְאִיתָמָר

AUFGABE B

Ordne zu, indem du Linien an der richtigen Stelle ziehst:

לָבָן	Nabal
אוּר	David
נוֹד	Machlon
נָבָל	Laban
אָמוֹן	Abner
דָּוִד	Nod
מַחְלוֹן	Ur
אַבְנֵר	Amon

AUFGABE C

Jetzt sollst du ohne Hilfe herausfinden, welche Namen sich hinter diesen Wörtern verbergen.

1 דָּנִיֵּאל –

2 רָחָב –

3 נַחוּם –

4 אֵהוּד –

5 הָמָן –

6 בְּרִבְלָה –

LÖSUNGEN

Aufgabe A1:

וַיִּבֶן אֶת־בֵּית יַעַר הַלְּבָנוֹן

Aufgabe A2:

וְאֵלֶּה שְׁמוֹת בְּנֵי־אַהֲרֹן הַבְּכוֹר נָדָב וַאֲבִיהוּא אֶלְעָזָר וְאִיתָמָר

Aufgabe B:

לָבָן	Laban
אוּר	Ur
נוֹד	Nod
נָבָל	Nabal
אָמוֹן	Amon
דָּוִד	David
מַחְלוֹן	Machlon
אַבְנֵר	Abner

Aufgabe C:

1. Daniel – 2. Rahab (die Hure in Jericho – nicht ganz so einfach, oder?) – 3. Nahum (einer der „kleinen" Propheten) – 4. Ehud (ein Richter in Israel) – 5. Haman (der Verfolger der Juden im Buch Esther) – 6. „in Ribla" – Ob du das auch herausgefunden hast? Zum

einen ist dieser Ortsname aus 2. Könige 25,21 nun wirklich nicht so bekannt, und außerdem galt es, das Beth am Anfang als Ortsangabe zu erkennen.

Übrigens kennst du jetzt schon die Hälfte des hebräischen Alphabets und einen Großteil der Vokale! Nach einer kurzen Verschnaufpause geht es im nächsten Kapitel weiter.

Kapitel 5

Nach den Übungen am Ende des letzten Kapitels bist du sicherlich gut gerüstet für die zweite Hälfte des Alphabets.

NEUER BUCHSTABE

Dir sind die beiden Namen des jüngsten Sohnes von Jakob begegnet. Seine Mutter Rahel hatte ihn zunächst *Benoni* („Sohn meines Schmerzes“) genannt (1. Mose 35,18):

בֶּן־אוֹנִי

Sein Vater gab ihm hingegen den Namen *Benjamin* mit der Bedeutung „Sohn der Rechten“ oder „Sohn des Glücks“:

בִּנְיָמִין

In beiden Wörtern begegnet uns ein neuer Buchstabe, der übrigens auch von der Form her der kleinste im ganzen Alphabet ist. Es ist das **Jud** י und wird /j/ gesprochen. Wenn Jesus Christus sagt, dass kein Jota des Gesetzes vergehen wird (Matthäus 5,18), dann bezieht Er sich auf diesen kleinen Buchstaben Jud.

Dass Jud י /j/ gesprochen werden soll, ist aber nur ein Teil der Wahrheit – wie du vermutlich schon gesehen hast. Die Aussprache ist nur dann /j/, wenn es ein Konsonant ist (das erste Jud in *Benjamin*), aber es kommt auch oft vor in Verbindung mit einem vorausgehenden Chireq, also dem Punkt, der für /i/ steht. Das siehst du am Ende der beiden Wörter בֶּן־אוֹנִי und בִּנְיָמִין. Diese Verbindung von Chireq und Jud nennt man **Chireq magnum** (das heißt: „großes Chireq“) – und sie steht für ein langes /i/.

Im Buch Josua (Kapitel 11) besiegt Josua den König von Hazor. Sein Name lautet:

יָבִין

Das erste Jud ist als Konsonant /j/ zu lesen, das zweite Jud folgt dem Chireq unter dem Beth und wird mit ihm zusammen zu einem langen /i/: *Jabin*.

Dazu ein paar Aufgaben für dich, in denen Jud sowohl als Konsonant als auch in Verbindung mit Chireq vorkommt:

AUFGABE A

Wie hieß der Mann, der Israel zweiundzwanzig Jahre lang richtete (Richter 10,3)?

יָאִיר

AUFGABE B

Am Ende des Buches Hiob (Kap. 42,14) bekommt dieser drei Töchter. Eine von ihnen hieß:

יְמִימָה

AUFGABE C

Jakob hatte einen Sohn, dessen Name später die Männer trugen, die den Dienst an der Stiftshütte verrichteten (1. Mose 29,34):

לֵוִי

AUFGABE D

Und ein weiterer Sohn, der dem ganzen Volk seinen Namen geben sollte (1. Mose 29,35), hieß:

יְהוּדָה

> Übrigens:
> „Weine nicht! Siehe, es hat überwunden der Löwe, *der aus dem Stamm Juda* ist, die Wurzel Davids“ (Offenbarung 5,5). Hast du Ruhe gefunden in dem Sieg des Herrn Jesus?

AUFGABE E

Und noch ein Dutzend Namen:

1 יוֹנָה ____________________

2 יוֹאֵל ____________________

3 יוֹאָב ____________________

4 נִינְוֵה ____________________

5 נְחֶמְיָה ____________________

6 חִירָם ________________________________

7 יוּבָל ________________________________

8 יְרִיחוֹ ________________________________

9 מִרְיָם ________________________________

10 אוּרִיָּה ________________________________

11 וּמְרִיבָה ________________________________

12 יִרְמְיָהוּ ________________________________

Willst du sofort die Bestätigung haben, wie gut du schon lesen kannst? Bitteschön:

LÖSUNGEN

A. Jair

B. Jemima

C. Levi

D. Juda (nicht ganz einfach, oder?)

Aufgabe E:

Die letzten drei Namen waren ein wenig tückisch. Hast du es gemerkt?

1	יוֹנָה	Jona (Jona 1,1)
2	יוֹאֵל	Joel (1,1)
3	יוֹאָב	Joab (2. Samuel 2,18)
4	נִינְוֵה	Ninive (Jona 1,2)
5	נְחֶמְיָה	Nehemia (Esra 2,2)

6 חִירָם Hiram (2. Samuel 5,11)

7 יוּבָל Jubal (1. Mose 4,21)

8 יְרִיחוֹ Jericho (Josua 2,1)

9 מִרְיָם Mirjam (2. Mose 15,20)

10 אוּרִיָּה Urija (2. Samuel 11,3)

11 וּמְרִיבָה und Meriba (2. Mose 17,7). Hast du wohl das vorgestellte Waw als *und* erkannt?

12 יִרְמְיָהוּ Jeremia (Jeremia 1,1). Wie du siehst, kann unsere deutsche Schreibweise sehr vom Original abweichen.

NEUES ZEICHEN

In dem Namen אוּרִיָּה hat sich ein Punkt in das Jud eingeschlichen. Er ändert für uns nichts an der Aussprache. Trotzdem soll das aber jetzt einmal der Anlass sein, allgemein etwas zu dem Punkt *in* einem Buchstaben zu sagen. Es handelt sich hier um das **Dagesch**. Vereinfacht kann man es so erklären:

Bei einigen Buchstaben veränderte es ursprünglich die Aussprache. Ohne Punkt war es ein Reibelaut, mit Punkt wurde ein Verschlusslaut gesprochen. Dieser Unterschied ist zum Beispiel bei Beth noch übriggeblieben: ב ist der Reibelaut /w/, aber בּ ist der

Verschlusslaut /b/. (Es gibt noch zwei weitere Buchstaben, bei denen das Dagesch eine solche Veränderung bewirkt.) Dagegen werden zum Beispiel ד und דּ sowie נ und נּ heute meistens gleich gesprochen.

Bei anderen Buchstaben hat das Dagesch die Funktion, den Konsonanten zu verdoppeln (oder man kann auch sagen, ihn zu längen). Das ist zum Beispiel der Fall bei Lamed, Mem und Nun, aber auch bei Jud in dem Namen *Urija*. Was die Aussprache angeht, so soll das für uns ohne Bedeutung sein. Ob ein Dagesch steht oder nicht, kann sehr unterschiedliche Gründe haben.

Ob du den nachfolgenden Namen mit Dagesch im Jud auch durchschaust? Sein Träger ist ein eindrückliches Beispiel für die Frage nach dem Leid.

אִיּוֹב

Richtig – es ist *Hiob*. Woher kommt aber das /h/, das wir im Deutschen sprechen? Diese Schreibweise geht wohl auf Martin Luther zurück, der bei seiner Übersetzung des Namens andeuten wollte, dass ja das Wort mit einem Konsonanten anfängt, eben dem Aleph. Und dessen ursprünglicher Lautwert war ein Kehllaut, der dem /h/ nahekommt. Im Englischen zum Beispiel bleibt das unberücksichtigt; hier heißt Hiob *Job* (/ou/ gesprochen wie in *soul*).

Übrigens:

Hast du schon einmal überlegt, welche Antwort dieser Hiob von Gott auf die Frage bekommt, warum er so leiden musste? Lies dir doch die Kapitel 38 bis 41 einmal in Ruhe durch. Dort stellt Gott sich lediglich selbst in seiner Größe als Schöpfer dar. Hiob kann nur noch sagen: „Zu gering bin ich, was soll ich dir erwidern? Ich lege meine Hand auf meinen Mund" (Hiob 40,4). Erkennst du Gott auch so in seiner uneingeschränkten Souveränität an?

ZWEI WICHTIGE WÖRTER

Der kleine Buchstabe Jud ist von großer Bedeutung. Er wird gebraucht, um den Namen Gottes zu schreiben. Vielleicht ist dir das Wort schon bekannt:

אֱלֹהִים

Dieses Wort für *Gott* kann mit *Elohim* wiedergegeben werden. Der Punkt über dem He soll übrigens für /o/ zu dem Lamed stehen. Wie wir in Kapitel 2 schon einmal sahen, kann das /o/ (das du bis jetzt als וֹ kennst) auch mit einem Punkt links über dem Buchstaben ausgedrückt werden. Dieser Punkt heißt **Cholem**. Wegen der Form des Lamed wandert der Punkt in diesem Buch aus drucktechnischen Gründen leicht nach links auf das Cholem. (Das וֹ heißt übrigens **Cholem magnum** – „großes Cholem".)

Übrigens:
Das Wort אֱלֹהִים wird auch für menschliche Richter (2. Mose 21,6) oder heidnische Götter (2. Mose 12,12) verwendet, denn die Grundbedeutung lautet „ein zu Fürchtender“ oder „zu Fürchtende“.[5] Fürchtest *du* Gott?

Wie du sicher weißt, stellt Gott sich seinem Volk auch vor als „Ich bin, der ich bin“ (2. Mose 3,14). Vermutlich kommt sein Name als Bundesgott Israels von dieser Bedeutung „der ewig Seiende“. Das hebräische Wort dafür sieht so aus:

יְהוָה

Die Aussprache wird dir wohl Mühe bereiten. Und das hat seinen Grund. Ursprünglich lautete das Wort יהוה wohl *Jahwe*. Aus besonderer Ehrfurcht vor dem Namen Gottes sprach man es aber nicht aus, sondern sagte stattdessen *Adonaj* – „(mein) Herr“. Die Vokale dieses Wortes wurden dann – leicht abgewandelt – auf das sogenannte *Tetragramm* (d. h. Vierfachzeichen) יהוה übertragen. (Das führte dazu, dass irrtümlicherweise *Jehova* gelesen

[5] Benedikt Peters. *Das Buch der Psalmen – Teil 3*, Dillenburg (Christliche Verlagsgesellschaft) 2010, S. 192. – In seiner ausgezeichneten mehrteiligen Auslegung der Psalmen werden auch viele sprachliche Hinweise zu dem hebräischen Text gegeben.

wurde.) Du kannst beim Lesen *Jahwe* oder *Adonaj* sagen. In deutschen Bibeln steht oft der Name *Herr*.

Nach dieser intensiven Beschäftigung mit dem kleinen Buchstaben Jud sollst du noch eine Aufgabe bekommen, in der auch die anderen dir schon bekannten Buchstaben vorkommen.

Schreibe den deutschen Namen in die mittlere Spalte. Du solltest nur dann in der Bibel nachschlagen, wenn du gar nicht weiterkommst.

1	רְאוּבֵן	____________________	1. Mose 29,32
2	חַגַּי	____________________	Esra 5,1
3	נִמְרֹד	____________________	1. Mose 10,8
4	נָחוֹר	____________________	1. Mose 11,27
5	הָרָן	____________________	1. Mose 11,27
6	אֱלִיהוּא	____________________	Hiob 32,5
7	הָגָר	____________________	1. Mose 21,9
8	בְּחֹרֵב	____________________	2. Mose 17,6

LÖSUNGEN

1. Ruben – 2. Haggai – 3. Nimrod – 4. Nahor – 5. Haran – 6. Elihu
7. Hagar – 8. *am* Horeb (mit בְּ, das Nähe ausdrückt)

Kapitel 6

Im letzten Kapitel haben wir nur einen Buchstaben „geschafft“ – und dann war es auch noch so ein kleiner! Aber es ist sinnlos vorwärtszupreschen. Du hast gemerkt, dass es wirklich sehr viel in der hebräischen Schrift gibt, das deine volle Aufmerksamkeit verlangt. Und deshalb gibt es jetzt auch erst noch einmal eine Zusammenfassung von allem, was du bis jetzt gelernt hast.

WIEDERHOLUNG

Wir fangen mit sehr wichtigen Wörtern an:

→ יְהוָה ist der häufig vorkommende Name des Bundesgottes für Israel. Du kannst *Jahwe* oder *Adonaj* lesen. In vielen Bibeln wird der Name mit *Herr* wiedergegeben. Um deutlich zu machen, dass es sich dabei um dieses יְהוָה handelt, schreibt man oft *HERR*.

→ Das übliche Wort für Gott ist אֱלֹהִים. Die Endung dieses Wortes ist grammatisch gesehen ein Plural, also eine Mehrzahl. Es könnte ein Hinweis auf den einen Gott sein, der dennoch eine *Drei*-Einheit ist. Es gibt den *Vater* אָב, den *Sohn* בֵּן und den *Geist*. Die Buchstaben für dieses Wort – es kommt ja schon im zweiten Vers der Bibel vor – kennst du auch schon: רוּחַ. In 1. Mose 1,2 heißt „Geist Gottes“ רוּחַ אֱלֹהִים. Die Aussprache ist /ruach/; wobei das Patach unter dem Schluss-ח hier im Gegensatz zur üblichen Regel *vor* dem Schlusskonsonanten gesprochen wird.

Übrigens:
Ist Gott dein אָב und sein בֵּן dein *Adonaj*, dann bin ich dein אָח oder *Bruder*. Es ist sein רוּחַ, der uns miteinander verbindet!

→ Weiter kennst du ו (mit unterschiedlichen Vokalen) für *und* (immer mit dem Substantiv verschmolzen!) sowie אוֹ für *oder*.

→ Dann kennst du die grammatische Funktion des bestimmten Artikels: das dem Substantiv vorgestellte He ה mit Vokal.

→ Und ein dem Substantiv vorgestelltes ל plus Vokal drückt den Dativ aus oder wird mit *für*, *nach*, *zu* übersetzt; בּ plus Vokal ist ein Ausdruck von Nähe und kann mit *in*, *an*, *bei* übersetzt werden.

→ Nun zu den Vokalen:

אָ אֳ	/a/ (siehe Fußnote S. 14)	Qamez
אַ אֲ	/a/	Patach
אֵ	/e/	Zere
אִ	/i/ (kurz)	Chireq
אִי	/i/ (lang)	Chireq magnum
אֶ אֱ	/ä/	Segol
אְ	/e/ (schwach!) oder stumm	Schwa

אֹ	/o/	Cholem
וֹ	/o/	Cholem magnum
וּ	/u/	

→ Es gibt nicht nur Punkte *unter* und *über*, sondern auch *in* den Buchstaben. Hier sprechen wir vom Dagesch, das zum einen den Unterschied zwischen Reibelaut und Verschlusslaut anzeigt (zum Beispiel ב und בּ) und zum anderen die Verdopplung (oder Längung) des Konsonanten ausdrückt.

→ Wir fassen alles in dieser Konsonantenliste zuammen:

1	א	Aleph	*Vokalträger.*
2	ב בּ	Beth	/w/ – בּ immer /b/.
3	ג גּ	Gimel	/g/
4	ד דּ	Daleth	/d/ – zu unterscheiden von ר!
5	ה הּ	He	/h/ – oft auch stumm (siehe *Lea*)
6	ו	Waw	/w/ – וֹ /o/, וּ /u/
8	ח	Cheth	/ch/ – Unterschied zu ה!
10	י יּ	Jud	/j/
12	ל לּ	Lamed	/l/
13	מ מּ	Mem	/m/ – am Wortende ם
14	נ נּ	Nun	/n/ – zu unterscheiden von ג! Wortende: ן
20	ר	Resch	/r/ – nicht verwechseln mit ד!

Aufgabe A

Wenden wir uns noch einmal den Kindern Jakobs zu. Von seinen Söhnen kennst du schon:

רְאוּבֵן –

לֵוִי –

יְהוּדָה –

גָּד –

Der Name דָּן *Dan* sowie der Name der Tochter דִּינָה *Dina* bereiten dir auch keine Schwierigkeiten.

NEUER BUCHSTABE

Mit יוֹסֵף begegnet dir ein weiterer Sohn Jakobs mit zwei neuen Buchstaben. Wenn du dir die Vokale ansiehst, wirst du wohl schon erraten haben, dass es sich um *Joseph* handelt.

Der Buchstabe ס oder סּ heißt **Samech** und steht im Alphabet nach Nun. Die Aussprache ist /ß/ – also stimmlos wie in *Wasser*. Du darfst ihn nicht verwechseln mit dem End-Mem ם, das deutlich kantiger ist.

Wenn in den Psalmen eine Pause angedeutet werden soll, dann liest man dort:

סֶלָה

Das finden wir in unseren Bibeln oft mit *Sela* wiedergegeben.

Findest du nun in diesem Vers (1. Mose 13,13) den Namen der Stadt, von der es heißt, dass die Leute dort sehr große Sünder waren?

וְאַנְשֵׁי סְדֹם רָעִים וְחַטָּאִים לַיהוָה מְאֹד

In dem gesuchten Wort siehst du, wie gering der Unterschied zwischen Samech und End-Mem wirklich ist. Das Schwa am Anfang des Wortes geben wir im Deutschen mit einem /o/ wieder: *Sodom* (das zweite Wort – natürlich von rechts gesehen).

(Erkennst du im vorletzten Wort auch das Tetragramm, d. h. den Namen des Bundesgottes? Er steht hier mit der Vorsilbe Lamed mit Vokal, was im Deutschen mit „vor dem Herrn“ wiedergegeben wird.)

NEUER BUCHSTABE

Wir müssen noch einen weiteren Buchstaben im Namen Joseph יוֹסֵף klären, nämlich den letzten, der sich aus dem üblichen quadratischen Rahmen der Buchstaben hinausbewegt. Er steht natürlich für den Laut /f/.

Wie du schon von Mem und Nun weißt, gibt es Buchstaben, die neben ihrer gewöhnlichen Form (מ נ) auch noch eine Sonderform haben, die am Wortende steht (ם ן). Das gilt auch für dieses **Pe**.

Die einfache Form des Pe füllt wie üblich das gedachte Quadrat aus: פ. Und das End-Pe hast du soeben kennengelernt: ף.

Fällt dir ein Psalmdichter ein, in dessen Name diese beiden neuen Buchstaben Samech und Pe zusammen vorkommen?

אָסָף

Übrigens:
In seinem wohl bekanntesten Lied sagt dieser *Asaph*: „Wen habe ich im Himmel? Und neben dir habe ich an nichts Lust auf der Erde“ (Psalm 73,25). Wonach sehnst *du* dich?

Bestimmt fragst du dich, warum der Buchstabe Pe heißt, aber /f/ gesprochen wird. Er wird in der Tat dann /p/ gesprochen, wenn er mit einem Punkt versehen ist: פּ.

Das kommt dir vom Buchstaben Beth her bekannt vor: Der Punkt (das Dagesch) steht, wenn ein Verschlusslaut (hier: /p/) gesprochen wird. Ohne Dagesch ist es ein Reibelaut (hier: /f/).

Beachte demnächst immer, ob ein Dagesch steht oder nicht. Es kann dir oft helfen, die jeweilige deutsche Entsprechung des Namens zu finden.

Übrigens:

Dass /p/ und /f/ enge Vertraute sind, siehst du zum Beispiel, wenn du deutsch *hoffen* mit englisch *hope* vergleichst. Und warum sprechen wir in dem griechischen Wort für *Bruderliebe* (*philadelphia*) zweimal ein /f/, obwohl ph geschrieben wird? Weil der griechische Laut hier (das *Phi* φ, das du vielleicht aus der Mathematik kennst) ursprünglich wie ein stark behauchtes /p/ gesprochen wurde, also /p/ plus /h/. Probiere es mal aus, und du wirst sehen, dass es dem /f/-Laut sehr nahe kommt.

Die Beschäftigung mit diesen kleinsten Einheiten unserer Sprache (Phonetik genannt) ist absolut spannend und lässt den Schöpfer in unseren Augen größer werden. Überlege einmal, welche Meisterleistung deine Sprechwerkzeuge vollbringen, um nur ein einzigesWort zu sagen!

AUFGABE B

Am Anfang von 1. Samuel 1 begegnen wir Elkana, der später der Vater Samuels werden sollte. Dieser Elkana hatte zwei Frauen. Die Namen sind schraffiert. Ob du sie herausfindest?

שֵׁם אַחַת חַנָּה וְשֵׁם הַשֵּׁנִית פְּנִנָּה

AUFGABE C

Einen Vers später im selben Kapitel stehen die Namen der beiden unrühmlichen Söhne des Hohenpriesters Eli. Wie heißen sie?

חָפְנִי פִּנְחָס

AUFGABE D

Schreibe jeweils den deutschen Namen hinter die hebräische Form.

1 אֶפְרַיִם –

2 סַנְחֵרִיב –

3 פּוּר –

4 פְּנִיאֵל –

5 פִּסְגָּה –

6 אֵפוֹד –

7 אוֹפִיר –

8 פַּרְפַּר –

Hilfestellungen:

1. einer der Söhne Josephs (1. Mose 41,52) – 2. König von Assyrien (2. Könige 18,13) – 3. ein Los, das in Esther 3,7 geworfen wird – 4. hier kämpfte Jakob mit Gott (1. Mose 32,31) – 5. Gipfel, auf dem Bileam opferte (4. Mose 23,14) – 6. Teil der Kleidung des Hohenpriesters (2. Mose 28,4) – 7. von hier wurde Gold geholt (1. Könige 10,11) – 8. Fluss in Damaskus (2. Könige 5,12)

Du hast dich ja schon daran gewöhnt, dass du im Vergleich zum Deutschen manchmal mit kleinen Unterschieden in der Aussprache rechnen musst!

WIEDERHOLUNG

Hier fassen wir noch kurz zusammen, was es in diesem Kapitel an Neuem zu lernen gab:

→ Der Buchstabe Samech ס wird /ß/ gesprochen und muss vom End-Mem ם unterschieden werden.

→ Das Pe wird mit Dagesch (Punkt in der Mitte!) /p/ gesprochen und so geschrieben: פּ. Fehlt der Punkt (also פ), sprechen wir /f/. Am Ende eines Wortes hat das Pe diese Form: ף.

LÖSUNGEN

Aufgabe A:

Ruben – Levi – Juda – Gad

Aufgabe B:

Hanna – Peninna

Aufgabe C:

Hophni (zur Aussprache siehe Fußnote S. 14) – Pinehas

Aufgabe D:

1. Ephraim – 2. Sanherib – 3. Pur – 4. Pniel – 5. Pisga – 6. Ephod (allerdings wird das Wort je nach Übersetzung unterschiedlich wiedergegeben) – 7. Ophir – 8. Parpar.

Kapitel 7

Hast du noch alles im Griff? Wenn du dich unsicher fühlst, blättere besser noch einmal zurück und sieh dir vor allem die Wiederholungen in Kapitel 6 an.

An „richtigen“ hebräischen Vokabeln hast du schon kennengelernt:

אָב	/aw/	Vater
אָח	/ach/	Bruder
בֵּן	/ben/	Sohn
אוֹ	/o/	oder
יְהוָה	(Jahwe, Adonaj)	der HERR
אֱלֹהִים	/elohim/	Gott
רוּחַ	/ruach/	Geist
אֵפוֹד	/efod/	Ephod

Die folgenden Wörter kannst du mit den Buchstaben lesen, die du nun schon kennst. Schreibe neben das hebräische Wort, wie du es aussprechen würdest. Nimm dir genug Zeit für jedes Wort, vergleiche deine Antwort mit den Lösungen und präge dir die Wörter gut ein. Das ist Voraussetzung für die dann anschließenden Aufgaben.

1	Stein	אֶבֶן	
2	Blut	דָּם	
3	Berg	הַר	
4	Brot	לֶחֶם	
5	Mutter	אֵם	
6	warum	לָמָּה	
7	Tag	יוֹם	
8	heute	הַיּוֹם	
9	Herr	אָדוֹן	
10	Nacht	לַיְלָה	
11	Buch, Brief	סֵפֶר	
12	Fisch	דָּג	
13	Gnade, Güte	חֶסֶד	
14	Prophet	נָבִיא	
15	er	הוּא	
16	Licht	אוֹר	
17	sehr, viel	מְאֹד	
18	Hand	יָד	
19	Gott	אֵל	
20	Pferd	סוּס	

21 ein (Zahlwort) אֶחָד ____________________

22 groß גָּדוֹל ____________________

23 Wort, Sache דָּבָר ____________________

24 rot אָדֹם ____________________

25 nicht, kein לֹא ____________________

26 Lobt den HERRN הַלְלוּ־יָהּ ____________________

27 Amen; gewiss אָמֵן ____________________

Hier kommt jetzt die Bestätigung, dass du schon dir ganz unbekannte hebräische Wörter lesen kannst. Dazu erhältst du noch ein paar Hinweise, die hoffentlich helfen, das eine oder andere Wort besser zu „durchschauen“ – und zu behalten.

Der Versuch, die Aussprache wiederzugeben, bleibt ungenau und wird auch nicht immer mit deiner Version übereinstimmen. Du bekommst aber eine Rückmeldung, ob dein Lesen erfolgreich war. Und davon gehe ich natürlich aus!

ÜBERSETZUNGEN UND ERKLÄRUNGEN

1 Stein אֶבֶן /äwän/

Samuel stellte den Stein Eben-Eser auf (1.Samuel 7,12). Der Name hat die Bedeutung „Stein der Hilfe“.

2 Blut דָּם /dam/

3 Berg הַר /har/

Der Horeb wird in 2. Mose 3,1 הַר הָאֱלֹהִים „Berg Gottes" genannt (*Elohim* hier mit Artikel).

4 Brot לֶחֶם /lächäm/

Beth*lehem* heißt *Brot*haus.

5 Mutter אֵם /em/

6 warum לָמָּה /lama/

Du kennst das Wort aus der Frage, die der Herr Jesus am Kreuz stellte: „Mein Gott, mein Gott, warum hast du mich verlassen?" Dort in Markus 15,34 wird sie auf Aramäisch zitiert, welches die mit dem Hebräischen verwandte Umgangssprache zur Zeit Jesu war.

7 Tag יוֹם /jom/

Der „Große Versöhnungs*tag*" wird „*Jom* Kippur" genannt.

8 heute הַיּוֹם /hajom/

Wörtlich: „der Tag".

9 Herr אָדוֹן /adon/

Du kennst schon die Aussprache *Adonaj* für יְהוָה.

10 Nacht לַיְלָה /laila/

11 Buch, Brief סֵפֶר /ßefär/

Kirjath-*Sepher* (Richter 1,12) heißt *Buch*stadt.

12 Fisch דָּג /dag/

Dagon war die *Fisch*gottheit der Philister (1. Samuel 5,2).

13 Gnade, Güte חֶסֶד /chäßäd/

14 Prophet נָבִיא /nawi/

15 er הוּא /hu/

16 Licht אוֹר /or/

Als Gott das erste Mal in der Bibel redet, sagt er: יְהִי אוֹר „Es werde Licht!"

17 sehr, viel מְאֹד /meod/

18 Hand יָד /jad/

19 Gott אֵל /el/

Ein weiteres, weit verbreitetes Wort für *Gott*. Hängt man ein /i/ an, steht dies für *mein* (siehe oben unter Nr. 6).

20 Pferd סוּס /ßuß/

Dt. *Zosse* für „altes Pferd" geht auf dieses Wort zurück.

21 ein (Zahlwort) אֶחָד /ächad/

22 groß גָּדוֹל /gadol/

23 Wort, Sache דָּבָר /dawar/

24 rot אָדֹם /adom/

In Kapitel 1 hast du erfahren, dass *adamah* eigentlich „roter Erdboden" heißt (von dem *Adam* genommen wurde).

25 nicht, kein לֹא /lo/

26 Lobt den HERRN הַלְלוּ־יָהּ HALLELUJA!

27 Amen; gewiss אָמֵן /amen/

Übrigens:

Der Stamm des Wortes für *Amen* kommt das erste Mal in der Bibel bei Abram vor: „Er *glaubte* dem HERRN“ (1. Mose 15,6). Als er zu den Verheißungen Gottes *Amen* sagt, also „so sei es“ oder „das ist gewiss“, rechnet Gott ihm diese Aussage des festen Vertrauens „zur Gerechtigkeit“. Erfreuen wir Gott auch mit diesem festen Glauben an seine Zusagen?

Nun willst du bestimmt diese neuen Wörter auch einmal in richtigen biblischen Zusammenhängen lesen. Da Hebräisch bekanntlich nicht Deutsch ist, musst du damit rechnen, dass die Reihenfolge der Wörter eventuell nicht immer so ist, wie du sie erwarten würdest. So lautet zum Beispiel unser deutscher Satz „Groß ist der Tag des HERRN“ im Hebräischen „Groß Tag HERR“. Das Hebräische verwendet das Wort *ist* häufig nicht. Auch die Zugehörigkeit (der Genitiv) wie zum Beispiel „Gottes Güte“ wird anders ausgedrückt als im Deutschen (dazu später mehr). Und der bestimmte Artikel stimmt auch nicht immer mit dem Gebrauch im Deutschen überein.

Jetzt an die Arbeit! Denke daran, dass am Anfang eines Wortes eine „Vorsilbe“ stehen kann.

AUFGABE A

Ordne zu, indem du Linien an der richtigen Stelle ziehst.

1	חֶסֶד אֵל	a	Wort Gottes
2	הַדָּם	b	das Brot
3	אֵם יוֹאָב	c	Saphirstein
4	דְּבַר אֱלֹהִים	d	Güte Gottes
5	הַר־נְבוֹ	e	Hand Gottes
6	אָמֵן וְאָמֵן	f	Mutter Joabs
7	אֶבֶן־סַפִּיר	g	rotes Pferd
8	הַלֶּחֶם	h	Berg Nebo
9	סוּס אָדֹם	i	das Blut
10	יַד הָאֱלֹהִים	j	Amen und Amen

AUFGABE B

Finde die deutsche Übersetzung mit Hilfe der angegebenen Bibelstellen. (Weil du noch nicht allzu viele Wörter kennst, sind die nachfolgenden Wortgruppen manchmal etwas aus dem Zusammenhang gerissen.)

1	הַר־פָּארָן	Habakuk 3,3
2	בְּהַר הַמּוֹרִיָּה	2. Chronik 3,1
3	יְהִי אוֹר וַיְהִי אוֹר	1. Mose 1,3
4	(וַיְמַן) יְהוָה דָּג גָּדוֹל	Jona 2,1
5	בְּסֵפֶר (תּוֹרַת) אֱלֹהִים	Josua 24,26
6	דְבַר־יְהוָה (אֶל־) אַבְרָם	1. Mose 15,1
7	אֵלִיָּה הַנָּבִיא	Maleachi 3,23

AUFGABE C

Und jetzt bekommst du gar keine Hilfe mehr. Wie würdest du diese Ausdrücke übersetzen?

1 בְּהַר יְהוּדָה – ____________________

2 לֹא נָבִיא – ____________________

3 בְּיַד־יְהוָה ... בְּיַד־אָדָם – ____________________

4 יוֹם וָלַיְלָה – ____________________

5 גָּדוֹל מְאֹד – ____________________

6 אֵלִי אֵלִי לָמָה – ____________________

7 חַגַּי הַנָּבִיא – ____________________

8 אֵם אָסָא – ____________________

9 יְהוָה הוּא הָאֱלֹהִים – ____________________

10 אָמֵן הַלְלוּ־יָהּ – ____________________

LÖSUNGEN

Du bist bestimmt sehr gespannt! Und ich bin sicher, dass du die Aufgaben ohne große Probleme lösen konntest.

Aufgabe A:

1d (Psalm 52,3) – 2i (2. Mose 12,13) – 3f (2. Samuel 17,25) – 4a (1. Samuel 9,27) – 5h (5. Mose 32,49) – 6j (Psalm 72,19) – 7c (Hesekiel 1,26) – 8b (5. Mose 8,3) – 9g (Sacharja 1,8) – 10e (1. Samuel 5,11)

Aufgabe B:

1. Gebirge Paran – 2. auf dem Berg Morija – 3. Es werde Licht! Und es wurde Licht. – 4. der Herr (bestellte) einen großen Fisch – 5. in das Buch (des Gesetzes) Gottes – 6. das Wort des HERRN (an) Abram – 7. Elia, den Propheten

Aufgabe C:

1. im Gebirge Juda (Josua 20,7) – 2. kein Prophet (Sacharja 13,5) – 3. in die Hand des HERRN ... in die Hand der Menschen (2. Samuel 24,14) – 4. Tag und Nacht (1. Mose 8,22) – 5. sehr groß (2. Mose 11,3) – 6. Mein Gott, mein Gott, warum (Psalm 22,2) – 7. Haggai, der Prophet (Haggai 2,10) – 8. Mutter Asas (2. Chronik 15,16) – 9. Der HERR, *er* ist Gott. (1. Könige 18,39) 10. Amen! Lobt den HERRN! (Psalm 106,48)

Mit diesen Aussagen schließen wir die bis jetzt geschaffte Arbeit dankbar ab:

יְהוָה הוּא הָאֱלֹהִים

אָמֵן הַלְלוּ־יָהּ

Kapitel 8

Nach den Erfolgen des letzten Kapitels gehen wir nun die nächsten Buchstaben an. Von den insgesamt 22 hebräischen Konsonantenzeichen kennst du schon 14! Und in diesem Kapitel wirst du dich mit drei weiteren Buchstaben anfreunden.

NEUER BUCHSTABE

Zuerst wenden wir uns dem **Ajin** zu. Es hat die folgende Form: **ע** und wird wie Aleph **א** gesprochen – also praktisch gar nicht! Bei Aleph hatten wir gesagt, dass es nur ein Vokalträger ist, und das gilt auch – vereinfacht gesagt – für das Ajin.

Da das hebräische Alphabet nur Konsonanten enthält, könntest du vermuten, dass sowohl Aleph als auch Ajin eigentlich ebenfalls Konsonanten sein müssten. Da hast du sogar recht! Allerdings sind es Konsonanten, die wir im Deutschen nicht mit einem Buchstaben ausdrücken. Das muss vielleicht etwas näher erklärt werden.

Das Kennzeichen eines Konsonanten ist, dass im Mund oder mit den Lippen in irgendeiner Form die ausströmende Luft stark beeinträchtigt wird (z. B. komplett bei einem Verschlusslaut wie /p/ oder nur weniger stark bei einem Reibelaut wie /f/). Nun ist es so, dass jede Silbe, die im Deutschen mit einem Vokal anfängt, eigentlich mit einem Konsonanten beginnt, nämlich einem kurzen Verschluss der Stimmbänder in der Kehle. Diesen Laut nennt man Kehlkopfverschlusslaut. Wenn du „ein alter Esel“ sprichst, machst du jedes Mal am Wortanfang diesen Verschluss hinten im Hals!

Das Ei, das du in der Pfanne brätst, ist ein *Spiegelei*. Wenn du diesen Verschlusslaut vor dem letzten e nicht sprichst, ergibt sich ein Wort, das einen Spiegelvorgang beschreibt. Merkst du den Unterschied in der Aussprache? Probiere es aus – und staune darüber, was beim Sprechen alles in Blitzgeschwindigkeit geschieht! Hoffentlich glaubst du mir jetzt noch mehr, dass die Phonetik – also die Lautlehre – absolut spannend ist und immer wieder den Schöpfer anschauen lässt.

Zurück zu Aleph und Ajin: Diese beiden Buchstaben gaben ursprünglich solche Kehlkopfkonsonanten wieder. Für uns soll gelten, dass sie bei der Aussprache einfach stumm bleiben.

Jetzt sollst du ein paar Wörter sehen, in denen das Ajin ע vorkommt. Finde selbst die deutschen Entsprechungen für die folgenden Beispiele heraus:

AUFGABE A

1 עֵדֶן ______________________

2 עֹבַדְיָה ______________________

3 עֶגְלוֹן ______________________

4 גִּדְעוֹן ______________________

5 עָמוֹס ______________________

Hier stehen die Verse, in denen du die gesuchten Namen findest:

1. 1. Mose 2,15 – 2. Obadja 1,1 – 3. Richter 3,17 – 4. Richter 6,13
5. Amos 1,1

NEUER BUCHSTABE

Ist dir aufgefallen, dass wir bis jetzt noch keine Wörter geübt haben, in denen der Laut /k/ vorkommt? Das soll jetzt zügig nachgeholt werden. Und dabei werden wir Bekanntschaft schließen mit gleich zwei weiteren Buchstaben für denselben Laut. Du bist ja schon damit vertraut, dass wir im Hebräsichen keine Eins-zu-eins-Zuordnung von Lauten und Buchstaben haben. Es ist oft nicht möglich, von einem deutschen Namen ausgehend, zu wissen, wie das hebräische Wort geschrieben wird. Aber wir wollen ja ohnehin nur Hebräisch *lesen*.

In Kapitel 2 hast du erfahren, dass das Beth mit seiner Form ב genau beachtet werden muss, weil ein anderer Buchstabe sich nur leicht von diesem unterscheidet. Dieses Zeichen heißt **Kaph** und sieht so aus: כ. Der Unterschied besteht also in der fehlenden „Ecke“ unten rechts.

Was die Aussprache angeht, so gilt hier das Gleiche, was du schon bei Beth und Pe gesehen hast: Ohne Dagesch, also dem Punkt in dem Buchstaben, wird ein Reibelaut gesprochen; mit Dagesch ist es ein Verschlusslaut. Der Verschlusslaut ist in diesem Fall /k/, und wenn du den Verschluss etwas öffnest und Luft durch die entstandene Enge strömen lässt, erhältst du einen Laut, den wir schon mit dem Cheth wiedergegeben haben, also /ch/ wie in *Nacht*.

Noch einmal:

כּ Aussprache: /k/

כ Aussprache: /ch/ (wie Cheth ח)

Wie Mem, Nun und Pe hat dieses Kaph auch eine End-Form, und die sieht aus wie ein nach unten verlängertes Daleth, allerdings mit Vokal: ךְ.

AUFGABE B

Verbinde die Wörter mit den deutschen Entsprechungen:

1 מִיכָה 2 כַּרְמֶל 3 כָּלֵב 4 עָכָן

Kaleb Achan Micha Karmel

(Nachzulesen in 4. Mose 13,30; Josua 7,20; Micha 1,1; 1. Samuel 15,12.)

NEUES WORT

Kaph verbunden mit einem Jud ist ein sehr häufig vorkommendes Wort.

כִּי

Es ist ein Bindewort (Konjunktion), verbindet also zwei Sätze miteinander. Meist übersetzen wir es im Deutschen mit *denn, weil* oder *dass*.

Warum sollst du unter den Völkern die Herrlichkeit Gottes erzählen?

כִּי גָדוֹל יְהוָה

Der Grund: „Denn groß (ist) der HERR!“ (1. Chronik 16,25)

NEUES WORT

Sehen wir uns auch das Wort für *Herrlichkeit* an, von der in obigem Vers die Rede war. Weißt du, welchen Namen die Schwiegertochter Elis ihrem Sohn geben will, als die Philister die Lade Gottes an sich genommen haben? Sie nennt ihn *Ikabod*, was *Nicht-Herrlichkeit* bedeutet und erklärt dazu: „Die Herrlichkeit ist von Israel gewichen“ (1. Samuel 4,21).

וַתִּקְרָא לַנַּעַר אִי־כָבוֹד לֵאמֹר גָּלָה כָבוֹד מִיִּשְׂרָאֵל

Das Wort für Herrlichkeit כָּבוֹד kommt von einem Wortstamm כָּבֵד mit der Bedeutung *schwer*, *gewichtig*, *ehrenhaft*. (Dass im Text das Dagesch nicht steht, liegt an dem vorausgehenden Vokal.)

NEUES WORT

Ein weiteres wichtiges Wort – diesmal mit End-Kaph – ist

מֶלֶךְ

Es bedeutet *König*, wird /mälách/ (ch wie in *Nacht*!) gesprochen und taucht in Namen wie *Abimelech* („mein Vater ist König"), *Ahimelech* („mein Bruder ist König") oder *Melchisedek* („König der Gerechtigkeit") auf.

Psalm 24 endet mit diesen ausdrucksstarken Worten:

הוּא מֶלֶךְ הַכָּבוֹד סֶלָה

„Er (ist) der König der Herrlichkeit. Sela."

NEUES WORT

Das hebräische Wort für *ich* wird nur dann genannt, wenn es besonders hervorgehoben wird oder wenn im Deutschen eine Form des Verbs *sein* steht. (Das gilt auch für die übrigen persönlichen Fürwörter.) Bei anderen Verben ist es in der Verbform enthalten. Es gibt eine Lang- und eine Kurzform für *ich*:

אָנֹכִי אֲנִי

Als David sich in 2. Samuel 7,18 vor dem HERRN niedersetzt, sagt er (מִי steht für *wer*):

מִי אָנֹכִי אֲדֹנָי

In Gottes Gegenwart sinniert er, wer er selbst eigentlich ist: „Wer bin ich, Herr?“

SATZBAU

Das Kaph kann (wie du es schon vom Lamed und Beth kennst) auch als eine Art Vorsilbe direkt am Anfang eines Substantivs stehen und drückt dann eine Beschaffenheit oder Ähnlichkeit aus. Häufig lässt es sich mit *wie* übersetzen. Es nimmt oft ein Schwa an: כְּ, kann aber auch mit anderen Vokalen versehen sein – wie das Lamed und Beth eben.

Beispiele:

Von einem „gewaltigen Jäger“ sagte man, er sei „wie Nimrod“ (1. Mose 10,9):

כְּנִמְרֹד

In Jesaja 34,4 heißt es, dass die Himmel zusammengerollt werden „wie ein Buch“:

כַּסֵּפֶר

Die Schlange lügt Eva vor, sie und Adam würden nach dem Essen der verbotenen Frucht sein „wie Gott“ (1. Mose 3,5):

כֵּאלֹהִים

AUFGABE C:

1. Suche „wie das Licht“ in dem folgenden Satz aus Psalm 37,6:

וְהוֹצִיא כָאוֹר צִדְקֶךָ

2. In Sprüche 3,12 steht, dass der HERR den züchtigt, den Er liebt, „und (zwar) wie ein Vater“ den Sohn, an dem Er Wohlgefallen hat. Im Deutschen sind es vier Wörter („und wie ein Vater“); im Hebräischen ist es nur ein Wort. Zuerst steht das Waw für *und*, danach folgt die Vorsilbe für *wie*, und dann steht das eigentliche Substantiv für *Vater*. Findest du es? Ob du sogar noch mehr bekannte Wörter siehst?

כִּי אֶת אֲשֶׁר יֶאֱהַב יְהוָה יוֹכִיחַ וּכְאָב אֶת־בֵּן יִרְצֶה

NEUES WORT

Bevor wir zu dem nächsten Buchstaben kommen, noch eine Vokabel mit כּ, die recht oft vorkommt:

כֹּל - oder vor Maqqeph: כָּל־

(Du weißt nicht mehr, was ein *Maqqeph* ist? Am Ende von Kapitel 3 kam die Bezeichnung schon einmal vor: Es ist eine Art Bindestrich.)

Das Wort כֹּל bzw. -כָּל drückt eine Gesamtheit aus. Wir übersetzen es meist mit *alle*, *jeder*, *ganz*.

Vers 21 in 1. Mose 7 schließt mit „und alle Menschen". Das sieht im Hebräischen so aus:

וְכֹל הָאָדָם

Dass der Punkt in einem Buchstaben mal steht und mal nicht gesetzt wird, ist dir schon nicht mehr neu. Die Veränderung der Aussprache von /k/ zu /ch/ hat hier mit dem vorausgehenden Waw plus Schwa zu tun.

In 2. Mose 29,12 stehen die Worte „alles Blut". Wörtlich übersetzt hieße es ungefähr: „die Gesamtheit des Blutes". Das kannst du hier nachlesen – diesmal mit Maqqeph:

כָּל־הַדָּם

Und hier noch ein Beispiel, in dem dieses Wort zusammen mit der Vorsilbe כְּ vorkommt (und wie oben wieder das Dagesch verliert):

כְּכָל־הָאָדָם

„Wie alle Menschen" (oder: „wie ganz die Menschheit") würde Simson sein, wenn ein Schermesser auf seinen Kopf käme. Nachzulesen in Richter 16,17.

NEUER BUCHSTABE

Der Laut /k/ wird noch durch einen weiteren Buchstaben ausgedrückt. Das **Qoph** sieht so aus: ק. Seine Form ist fast unverwechselbar. Das Dagesch in dem Qoph, also קּ, bedeutet hier nicht die Unterscheidung von Verschluss- und Reibelaut, sondern hat (wie z. B. bei Lamed und Mem) die Funktion der Verdopplung oder Längung des Konsonanten. Auch zu diesem Buchstaben sollst du zuerst ein paar Beispiele bekommen, bevor du weitere Aufgaben erhältst.

Dieser Name ist dir bestimmt vertraut:

קַיִן

Es ist der Mann, der seinem Bruder Abel nicht freundlich gesonnen war (1. Mose 4).

Ein ganzes Volk stellte sich als Feind für Israel heraus. Sein Name:

עֲמָלֵק

Der erste Kampf gegen das Volk *Amalek* wird in 2. Mose 17 beschrieben.

Kannst du das hier lesen?

חֲבַקּוּק הַנָּבִיא

Es ist der Name eines „kleinen Propheten“, und sein Dienst wird auch gleich mitgenannt: „Habakuk, der Prophet“ (Habakuk 1,1).

Übrigens:

Kennst du selbst auch die beispielhafte Haltung, die dieser Prophet an den Tag legte? Lies doch einmal Kapitel 3,17-19.

Jetzt hast du hoffentlich noch die Kraft für eine Zuordnungsübung. Hier ist sie:

AUFGABE D

1	עֶקְרוֹן	a	Jakob (1. Mose 25,26)
2	יַעֲקֹב	b	Miphkad[6] (Nehemia 3,31)
3	קִדְרוֹן	c	Ekron (Josua 15,45)
4	קֹרַח	d	Kidron (2. Samuel 15,23)
5	רִבְקָה	e	Korah (4. Mose 16,1)
6	מִפְקָד	f	Rebekka[7] (1. Mose 24,15)

NEUES WORT

Bevor wir abschließen, noch eine Vokabel mit ק:

קוֹל

---

[6] Dieses Tor in der Mauer von Jerusalem wird manchmal auch mit *Wachttor* übersetzt.

[7] Du siehst, wie groß die Unterschiede zwischen den hebräischen und den uns im Deutschen bekannten Namen sein können. Unter den Juden heute lautet der Name übrigens auch *Rivka*.

Übersetzt heißt es *Stimme* oder *Laut* und findet sich zum Beispiel in diesem Zusammenhang: Adam und Eva hörten die „Stimme Gottes des HERRN“ (1. Mose 3,8):

קוֹל יְהוָה אֱלֹהִים

In Jeremia 35,8 heißt es, dass man der „Stimme Jonadabs“ gehorcht hat. Hier steht die Vorsilbe בְּ, was man wiedergeben könnte mit: „auf die Stimme (gehorcht)“.

בְּקוֹל יְהוֹנָדָב

Dieselbe Vorsilbe taucht in diesem Ausdruck auf:

קוֹל בְּרָמָה

Hier geht es um die „Stimme in Rama“ (Jeremia 31,15), von der auch in Matthäus 2 die Rede ist.

AUFGABE E

Kannst du dir denken, was diese Wörter bedeuten könnten?

קוֹל גָּדוֹל

WIEDERHOLUNG

Zu Beginn des 9. Kapitels fassen wir noch einmal gründlich zusammen, was du bis jetzt gelernt haben solltest. Hier beschränken wir uns auf das, was in diesem Kapitel neu war.

→ Der Buchstabe Ajin ע ist wie Aleph א Träger für Vokale. Die Aussprache ist ein fester Stimmansatz wie in *Spiegelעei.*

→ כּ bzw. כ werden /k/ bzw. /ch/ gesprochen. Der Name des Buchstabens ist Kaph; am Wortende sieht er so aus: ךְ.

→ Das Wort כִּי ist eine Konjunktion: *denn, weil, dass*.

→ Als Vorsilbe כ plus Vokal bedeutet Kaph *wie*.

→ Ebenfalls /k/ gesprochen wird Qoph: ק bzw. קּ.

→ כֹּל – oder vor Maqqeph: כָּל־ – heißt *alle, jeder, ganz.*

→ קוֹל steht für *Stimme* oder *Laut*.

LÖSUNGEN

Aufgabe A:

1. Eden – 2. Obadja – 3. Eglon – 4. Gideon – 5. Amos

Aufgabe B:

1. Micha – 2. Karmel – 3. Kaleb – 4. Achan

Aufgabe C:

1. וְהוֹצִיא כָאוֹר צִדְקֶךָ

2. כִּי אֶת אֲשֶׁר יֶאֱהַב יְהוָה יוֹכִיחַ וּכְאָב אֶת־בֵּן יִרְצֶה

Bestimmt hast du auch die Wörter für *denn*, *HERR* und *Sohn* entdeckt: בֵּן יְהוָה כִּי

Aufgabe D:

1c – 2a – 3d – 4e – 5f – 6b

Aufgabe E:

In Esra 10,12 steht, was die Versammlung des Volkes mit „*großer* (d. h. lauter) *Stimme*“ sagte: „Nach deinem Wort, so obliegt es uns zu tun.“

Kapitel 9

Hier eine Übersicht über alle Konsonanten, mit denen du jetzt vertraut sein solltest:

1	א	Aleph	*Vokalträger*
2	ב בּ	Beth	/w/ – mit Dagesch /b/. Unterschied zu כ!
3	ג גּ	Gimel	/g/
4	ד דּ	Daleth	/d/ – zu unterscheiden von ר
5	ה הּ	He	/h/ – oft auch stumm (siehe *Lea*)
6	ו	Waw	/w/ – וֹ /o/, וּ /u/
8	ח	Cheth	/ch/ – Unterschied zu ה!
10	י יּ	Jud	/j/
11	כ כּ	Kaph	/ch/ – mit Dagesch /k/. Wortende: ךְ
12	ל לּ	Lamed	/l/
13	מ מּ	Mem	/m/ – am Wortende ם. Unterschied zu ס!
14	נ נּ	Nun	/n/ – zu unterscheiden von גּ! Wortende: ן
15	ס סּ	Samech	/ß/ – zu unterscheiden von ם!
16	ע	Ajin	*Vokalträger*
17	פ פּ	Pe	/f/ – mit Dagesch /p/. Wortende: ף
19	ק קּ	Qoph	/k/
20	ר	Resch	/r/ – nicht verwechseln mit ד!

Von den noch fehlenden Buchstaben werden wir in diesem Kapitel die Positionen 9 und 22 kennenlernen.

Hier die Vokale in der Übersicht:

אֳ אָ	/a/ (siehe Fußnote S. 14)	Qamez
אֲ אַ	/a/	Patach
אֵ	/e/	Zere
אִ	/i/ (kurz)	Chireq
אִי	/i/ (lang)	Chireq magnum
אֱ אֶ	/ä/	Segol
אְ	/e/ (schwach!) oder stumm	Schwa
אֹ	/o/	Cholem
וֹ	/o/	Cholem magnum
וּ	/u/	

Die schon bekannten Personen- und Ortsnamen befinden sich alle im Namensverzeichnis am Ende des Buches. Andere Vokabeln, die du nun schon kennen solltest, sind hier alphabetisch zusammengestellt. Lies sie wiederholt durch und präge sie dir ein.

אָב	Vater
אֶבֶן	Stein
אָדוֹן	Herr

אָדָם	Mensch, Menschengeschlecht
אָדֹם	rot
אֶחָד	ein (Zahlwort)
אוֹ	oder
אוֹר	Licht
אָח	Bruder
אֵל	Gott
אֱלֹהִים	Gott
אֵם	Mutter
אָמֵן	Amen, gewiss
אָנֹכִי אֲנִי	ich
אֵפוֹד	Ephod
בֵּן	Sohn
גָּדוֹל	groß
דָּבָר	Wort, Sache
דָּג	Fisch
דָּם	Blut
הוּא	er
הַיּוֹם	heute
הַלְלוּ־יָהּ	Halleluja
הַר	Berg
חֶסֶד	Gnade, Güte

יָד	Hand
יְהוָה	der HERR
יְהִי	es werde
יוֹם	Tag
כָּבוֹד	Herrlichkeit
כִּי	denn, dass
כָּל־ כֹּל	alle, jeder, ganz
לֹא	nicht, kein
לֶחֶם	Brot
לַיְלָה	Nacht
לָמָּה	warum
מְאֹד	viel, sehr
מִי	wer
מֶלֶךְ	König
נָבִיא	Prophet
רוּחַ	Geist
סוּס	Pferd
סֶלָה	Sela (Psalmzeichen)
סֵפֶר	Buch, Brief
פּוּר	Pur (Los)
קוֹל	Stimme, Laut

Und noch einmal zum Auffrischen:

→ Ein dem Substantiv vorgestelltes He entspricht dem deutschen Artikel.

→ Ein vorgestelltes Waw steht für das deutsche *und.*

→ Zum Ausdruck des Dativs (Frage: „Wem?") dient das vorgestellte Lamed.

→ Ein Beth als Vorsilbe drückt Nähe aus: *an*, *in*, *bei*, *mit.*

→ Ein Kaph als Vorsilbe ist der Ausdruck von Ähnlichkeit: dt. *wie.*

→ In allen diesen Fällen können je nach Lautzusammenhang unterschiedliche Vokale stehen.

NEUE BUCHSTABEN

Wir wollen uns nun, wie angekündigt, zwei neuen Buchstaben zuwenden. Beide stehen für /t/; bis jetzt konntest du noch keine Wörter mit diesem Laut lesen.

Du erinnerst dich, dass es im Hebräischen gar nicht so ungewöhnlich ist, wenn mehrere Zeichen für einen Laut stehen:

/w/	ב	ו
/ch/	ח	כ
/k/	כּ	ק

An Position 9 im Alphabet zwischen Cheth und Jud steht das **Teth**: ט oder mit dem Dagesch der Verdopplung טּ. Der letzte (also 22.) Buchstabe im hebräischen Alphabet ist das **Taw**. Auch diesen Buchstaben ת gibt es mit Dagesch: תּ. Natürlich hat es einmal unterschiedliche Aussprachen gegeben; für uns gilt aber, dass alle vier Varianten /t/ gesprochen werden!

Der Vater Abrahams hieß:

תֶּרַח

Sein Neffe, der sich letztlich von ihm trennte, hieß:

לוֹט

Er schlug einmal sein Zelt auf östlich von dem Ort, den Jakob später „Haus Gottes“ nennen sollte:

בֵּית־אֵל

Das Jud mit dem Zere steht hier übrigens einfach für ein langes /e/. Zusammen nennt man den Vokal **Zere magnum**. Du kennst schon das Chireq magnum als langes /i/. (Und ein Jud beim Segol אֶי heißt dann **Segol magnum**.)

Als Abrahams Frau Sara gestorben war, erbat er eine Gräbnisstätte für sie von den Kindern

חֵת

Der Name der Frau, die er nach dem Tod Saras heiratete (1. Mose 25,1), war:

קְטוּרָה

Hast du die Namen aus dem Leben Abrahams alle gefunden? Hier kannst du kontrollieren: Abrahams Vater war *Tarah*, und sein Neffe hieß *Lot* (beide in 1. Mose 11,27). „Haus Gottes“ heißt auf Hebräisch *Bethel* (1. Mose 12,8 und 28,19). Das Grab erbat Abraham sich von den Kindern *Heth* (1. Mose 23,3), und seine zweite Frau hieß *Ketura*.

AUFGABE

Als Übung sollst du weitere, dir hoffentlich bekannte Namen mit den Buchstaben Teth und Taw lesen und die deutsche Entsprechung aufschreiben. Vielleicht geht es ja ganz ohne Hilfestellung?

1 פּוֹטִיפַר ______________________

2 תָּמָר ______________________

3 טוֹבִיָּה ______________________

4 רוּת ______________________

5 יָקְטָן ______________________

6 עָתְנִיאֵל ______________________

7 יֶפֶת ______________________

8 נָתָן ______________________

9 תְּקוֹעַ ____________________

10 אִתַּי ____________________

Brauchst du einige Tipps dazu?

1. kaufte Joseph – 2. Frau in Jesu Geschlechtsregister – 3. der ammonitische Knecht – 4. anhängliche Moabiterin – 5. Bruder Pelegs 6. bekam Aksa zum Lohn – 7. Sohn aus der Arche – 8. hielt David einen Spiegel vor – 9. von dort kam der Hirtenprophet Amos – 10. ein treuer Gathiter

NEUES WORT

Du kennst schon die Personalpronomen *ich* אֲנִי bzw. die Langform אָנֹכִי und *er* הוּא. Nun kommt die zweite Person der Einzahl, also *du* (allerdings nur an einen Mann gerichtet!):

אַתָּה

Du weißt schon, dass das Pronomen nur dann beim Verb steht, wenn es betont ist oder wenn im Deutschen eine Form von *sein* steht. Hier ein Beispiel aus 2. Samuel 7,29, wo David zu Gott sagt:

כִּי־אַתָּה אֲדֹנָי יְהוִה {דִּבַּרְתָּ}

„Denn *du*, Herr, HERR, {hast geredet}."

(Erkennst du übrigens in dem letzten Wort (dem Verb) die Konsonanten דבר für *Wort*? Das תָּ wie im Pronomen אַתָּה weist darauf hin, dass das Verb eine Du-Form (für Männer) ist. Zu den Verben erfährst du später noch mehr.)

NEUES WORT

Kannst du die folgenden Wörter entziffern? Wir hatten sie bis jetzt noch nicht, aber vielleicht kennst du den Ausdruck doch:

תֹהוּ וָבֹהוּ

Sie stehen im zweiten Vers der Bibel! Im Deutschen können wir ein Durcheinander ein *Tohuwabohu* nennen. Eigentlich müsste man aber mit „Wüste und Leere“ übersetzen.

NEUES WORT

Der in der Übung genannte „ammonitische Knecht“ *Tobija* hatte einen sehr schönen Namen: Der erste Wortteil ist abgeleitet von dem hebräischen Wort für *gut* oder *gütig*:

טוֹב

Sein Name bedeutet „Gott ist gut“. Leider passte sein Name überhaupt nicht zu seinem Verhalten ...

Im Schöpfungsbericht sagt Gott mehrfach, wie gut das war, was Er geschaffen hatte. Schließlich heißt es dann, dass alles „sehr gut“ war (1. Mose 1,31):

טוֹב מְאֹד

Die Sprüche sagen uns (Kapitel 12,25): „Kummer im Herzen des Mannes beugt es nieder, aber

דָּבָר טוֹב

ein gutes Wort erfreut es."

Psalm 34,9 fordert uns auf: „Schmeckt und seht ...

כִּי־טוֹב יְהוָה

Du hast es erfasst: „... dass der HERR gütig ist"! Und diese Gewissheit gibt dir Kraft für noch ein wenig mehr „Stoff":

SATZBAU

Eine mit dem Buchstaben Taw gebildete Silbe, die sehr häufig vorkommt, sieht so aus:

אֶת־ oder ohne Maqqeph: אֵת

Sie steht gewöhnlich vor Substantiven oder Eigennamen, wenn diese das direkte Objekt eines Verbs sind. (Nach dem direkten Objekt – auch Akkusativobjekt genannt – fragt man mit: „*Wen* oder *was*?")

Das klingt vielleicht kompliziert, und einen solchen Objektmarker findet man im Deutschen auch nicht. Aber man muss es nur erkennen und weiß dann, dass es unübersetzt bleibt. (Unterschiedliche Formen für Einzahl oder Mehrzahl bzw. männliche und weibliche Substantive gibt es nicht!)

Beispiel: *Wen* oder *was* schuf Gott am Anfang? Die Antwortet lautet: „*die* Himmel und *die* Erde". Folglich findest du vor „die Himmel" und vor „die Erde" jeweils ein אֵת. Du kannst es gut an den schattierten Flächen erkennen, auch wenn du die Wörter für *Himmel* und *Erde* noch nicht kennst.

בְּרֵאשִׁית בָּרָא אֱלֹהִים אֵת הַשָּׁמַיִם וְאֵת הָאָרֶץ

Wir schließen mit einem fast kompletten hebräischen Satz – auch von der ersten Seite der Bibel. Das Verb am Anfang des Satzes bedeutet „(und) sah". Den Rest kannst du lesen und verstehen!

וַיַּרְא אֱלֹהִים אֶת־הָאוֹר כִּי־טוֹב

Wörtlich: „Und sah Gott [Objektmarker] das Licht dass gut." In korrektem Deutsch: „Und Gott sah das Licht, dass es gut war" (1. Mose 1,4).

> Übrigens:
> Ein Licht, das ohne Sonne und Sterne besteht (die gab es da noch nicht!), wie soll das nicht טוֹב sein?

WIEDERHOLUNG

→ Die beiden Buchstaben **Teth** und **Taw** stehen ohne (ט ת) und mit Dagesch (טּ תּ) für den Laut /t/.

→ Ein Jud kann zusammen mit Zere אֵי, Segol אֶי oder Chireq אִי verbunden werden.

→ Neue Wörter:

אַתָּה	du
תֹּהוּ וָבֹהוּ	wüst und leer
טוֹב	gut

→ אֶת־ bzw. ohne Maqqeph אֵת steht meist vor einem Objekt (also einem Substantiv oder Eigennamen), das auf die Frage „*Wen* oder *was*?“ antwortet.

LÖSUNGEN

1. Potiphar (1. Mose 39,1) – 2. Tamar (1. Mose 38,6) – 3. Tobija (Nehemia 2,19) – 4. Ruth (Ruth 1,4) – 5. Joktan (1. Mose 10,25) 6. Othniel (Josua 15,17) – 7. Japhet (1. Mose 5,32) – 8. Nathan (2. Samuel 12,7) – 9. Tekoa (Amos 1,1) – 10. Ittai (2. Samuel 15,19).

Zur Aussprache von *Joktan* und *Othniel*: siehe Fußnote S. 14.

> Übrigens:
>
> Dieser Ittai sagte zu David: „An dem Ort, wo mein Herr, der König sein wird, sei es zum Tod, sei es zum Leben, dort wird auch dein Knecht sein“ (2. Samuel 15,21). Ist das nicht echte Treue?

Kapitel 10

Wie du weißt, kann /o/ ausgedrückt werden durch das Waw mit Punkt darüber וֹ oder durch das Cholem (also z. B. כֹ). Für das /u/, das du bist jetzt als וּ kennst (übrigens mit dem hebräischen Namen **Schureq**), gibt es auch noch eine andere Möglichkeit, nämlich drei Punkte, die in einer schrägen Reihe von links nach rechts unter dem Buchstaben stehen. Das Vokalzeichen heißt **Qibbuz** – mit Beth versehen: בֻ. (Damit kennst du jetzt übrigens alle Vokale!)

Als Illustration – und zur Erinnerung an den zuletzt gelernten Buchstaben Qoph – soll folgendes Wort dienen:

בַּקְבֻּק

Wenn du das Wort mehrfach hintereinander sagst, erinnert es an den Laut, den eine Flasche beim Ausschütten einer Flüssigkeit von sich gibt (/bakbuk/). Tatsächlich ist es auch das lautmalerisch entstandene Wort für *Flasche* im modernen Hebräisch. Im Alten Testament wird es in Jeremia 19,1 mit *(Töpfer-)Krug* übersetzt.

NEUER BUCHSTABE

Nun sollst du noch die verbleibenden drei Buchstaben kennenlernen. Und im nächsten Kapitel bekommst du Gelegenheit, alle neuen Buchstaben – auch die aus Kapitel 9 – noch mehr zu üben.

Die drei noch fehlenden Konsonanten haben gemeinsam, dass sie Zischlaute sind. Einen stimmlosen Zischlaut /ß/ kennst du schon. Es ist das Samech: ס.

Die hebräische Entsprechung für einen stimmhaften Zischlaut (also wie in dt. *Hase*) steht im Alphabet an 7. Stelle zwischen Waw und Cheth und heißt **Sajin**: ז – oder mit einem Dagesch der Verdopplung bzw. Längung: זּ. Beachte den feinen Unterschied zum Waw: ו!

In den Namen dreier biblischer Bücher kommt dieses Sajin vor:

עֶזְרָא זְכַרְיָה יְחֶזְקֵאל

Hast du sie herausgefunden? Es handelt sich um *Esra*, *Sacharja* und *Hezekiel*, wobei der letzte Name wohl nicht so ganz einfach war. (Er wird in anderen Sprachen auch sehr unterschiedlich wiedergegeben.)

NEUES WORT:

Ein kleines, aber wichtiges Wort findest du hier (beachte, dass das End-He stumm bleibt):

זֶה

Es ist ein sogenanntes hinweisendes Fürwort (Demonstrativpronomen; hier männlich!) und wird meist mit *dies*, *dieser* usw. übersetzt. (Die Pluralform dazu lautet אֵלֶּה.)

Das Wort steht oft nach dem Substantiv und kann noch zusätzlich mit dem bestimmten Artikel versehen sein: הַזֶּה!

Hier sind einfach ein paar Beispiele aus dem Buch 2. Könige:

הַיּוֹם הַזֶּה	„diesen Tag“	2,22
דָּם זֶה	„das (ist) Blut“	3,23
הַסֵּפֶר הַזֶּה	„dieser Brief“	5,6
הַדָּבָר הַגָּדוֹל הַזֶּה	„diese große Sache“	8,13

Wie gut, dass wir nur das Lesen lernen wollen! Sonst müssten wir noch studieren, wann und wo zusätzlich der Artikel steht. Im letzten Beispiel erscheint er ja dreimal!

NEUER BUCHSTABE

Mit dem Buchstaben **Zade** begegnest du dem letzten der fünf Konsonantenzeichen, von denen es außer der üblichen Form noch eine End-Form gibt. Die anderen vier hast du noch im Gedächtnis: Kaph, Mem, Nun und Pe.

Dieser Buchstabe wird /ts/ gesprochen – also wie in *Zoo* – und צ bzw. צ geschrieben. Achte auf den Unterschied zu Ajin ע. Das Aussehen der End-Form ץ ist kaum zu verwechseln.

In dem folgenden Wort kommen beide Formen des Buchstabens gleichzeitig vor:

בּוֹצֵץ

Es ist eine der beiden Felszacken, von denen in der Geschichte Jonathans berichtet wird: *Bozez* (1. Samuel 14,4).

Einer der „kleinen“ Propheten heißt:

צְפַנְיָה

Der Name eines Königs von Babel war:

נְבֻכַדְנֶאצַּר

Der bekannteste Name des Alten Testaments, der diesen Buchstaben enthält, ist wohl:

יִצְחָק

Mit etwas Vorstellungskraft entdeckst du hier den Sohn Abrahams, dessen Name in 1. Mose 17,19 angekündigt wird. In Kapitel 4 hast du ihn übrigens schon einmal *gesehen*; jetzt kannst du ihn *lesen*!

Und die beiden anderen Namen? Es handelt sich um *Zephanja* (im gleichnamigen Buch im ersten Vers) und *Nebukadnezar* (2. Könige 24,1).

NEUES WORT

In Kapitel 9 hast du in Verbindung mit dem Objektmarker אֵת den ersten Satz der Bibel gesehen. Das letzte Wort in diesem Vers endete mit dem Schluss-Zade. Es steht für *Erde* und sieht so aus:

אֶרֶץ

Mit dem bestimmten Artikel davor verändert sich der Vokal. Hier noch einmal das Ende des ersten und der Anfang des zweiten Verses in der Bibel:

אֵת הָאָרֶץ׃ וְהָאָרֶץ (הָיְתָה) תֹהוּ וָבֹהוּ

„... die Erde. Und die Erde (war) wüst und leer.“[8]

NEUES WORT

Abschließend zu dem Buchstaben Zade noch ein häufig vorkommender Gottesname. In Kapitel 8 haben wir schon einmal die letzten Worte aus Psalm 24 gelesen. Jetzt nehmen wir uns den ganzen Vers vor – und eigentlich solltest du alle Wörter kennen!

מִי הוּא זֶה מֶלֶךְ הַכָּבוֹד

יְהוָה צְבָאוֹת הוּא מֶלֶךְ הַכָּבוֹד סֶלָה

Wie lautet nun der Gottesname in der Mitte des Verses? Wörtlich übersetzt steht dort:

„Wer er dieser König der Herrlichkeit?

Der HERR *Zebaoth*, er König der Herrlichkeit. Sela.“

צְבָאוֹת ist die Mehrzahlform eines ursprünglich militärischen Begriffes und drückt die unumschränkte Kontrolle aus, die Gott über alles hat. Übersetzt sagen wir im Deutschen oft: „Der HERR der *Heerscharen*.“

---

[8] Der Doppelpunkt ׃ (*sof pasuk*) entspricht unserem Punkt am Satzende.

NEUER (UND LETZTER) BUCHSTABE

Mit diesem von der Form und von der Verwendung her interessanten Buchstaben schließen wir das Alphabet ab.

Der Name des Zeichens lautet **Schin**, was auch auf seine Aussprache hindeutet: /sch/. Es gibt diesen Buchstaben wieder ohne Dagesch שׁ und mit dem Dagesch der Verdopplung bzw. Längung (also שּׁ).

Vielleicht kennst du die Begebenheit in Richter 12,6, wo man den Dialekt anhand der richtigen Aussprache dieses Lautes herausfinden konnte. Richtig wäre gewesen:

שִׁבֹּלֶת

Also: *Schibboleth*. Bei denen, die das nicht sagen konnten, klang das jedoch so:

סִבֹּלֶת

Ist das übrigens nicht toll, dass du das jetzt selbst lesen kannst?!

Der Benjaminiter

קִישׁ

hatte einen stattlichen Sohn mit Namen

שָׁאוּל

Er begegnet uns das erste Mal in der Bibel, als er entlaufene Esel wiederfinden soll (1. Samuel 9,1–3).

Du hast natürlich die Namen schon herausbekommen – und dabei gemerkt, dass wir im Deutschen nicht den /sch/-Laut verwenden, sondern /ß/ sprechen. Aber für dich ist es ja nicht mehr neu, dass eine eindeutige Zuordnung der hebräischen Lautung zu unserer deutschen Aussprache nicht immer funktioniert.

Dieser *Saul*, der Sohn *Kis'*, sollte dann der erste König über

יִשְׂרָאֵל

werden – ein Name, der zuerst vorkommt, als Jakob nach seinem Kampf mit Gott einen neuen Namen bekommen sollte: *Israel* (1. Mose 32,29).

Ist dir aufgefallen, dass der Punkt über dem Schin jetzt auf der linken Seite steht? Das ist kein Druckfehler, sondern zeigt, dass das Schin in dieser Form nicht /sch/ – sondern /ß/ gesprochen wird. In diesem Fall nennt man den Buchstaben **Sin**.

Selbst wenn dich das alles verwirrt – es ist so! Wiederholt haben wir ja gesehen, dass ein Laut durch verschiedene Zeichen ausgedrückt werden kann. Und das gilt auch für /ß/: ס סּ oder שׂ שּׂ.

Hier sollst du nun noch ein paar wichtige Vokabeln kennenlernen, die mit Schin geschrieben werden. Die Aussprache mit /ß/ (Punkt also auf der linken Seite) kommt übrigens nicht so häufig vor wie die /sch/-Aussprache mit Punkt oben rechts.

NEUES WORT

אִישׁ Mann; jemand

Beispiel: עַל־כֵּן יַעֲזָב־אִישׁ אֶת־אָבִיו וְאֶת־אִמּוֹ

„Darum wird ein Mann seinen Vater und seine Mutter verlassen." (1. Mose 2,24)

Du siehst zweimal den Objektmarker und erkennst an den Konsonanten die Wörter für *Vater* und *Mutter*. (Das Waw am Ende der beiden Wörter steht übrigens für *seinen/seine*. Mehr dazu in Kapitel 12.)

NEUES WORT

שָׁלוֹם Frieden, Wohlergehen

Beispiel: שָׁלוֹם שָׁלוֹם וְאֵין שָׁלוֹם

„‚Frieden, Frieden!', und da ist doch kein Frieden." (Jeremia 8,11)

NEUES WORT

רֹאשׁ Haupt; Anfang

Beispiel: רֹאשׁ מְנַשֶּׁה

„das Haupt Manasses" (1. Mose 48,14)

Das Schin steht mit Dagesch; im Deutschen wird auch hier /ß/ gesprochen. – Hinweis: Wenn der nachfolgende Buchstabe ein Aleph ist, wandert der Punkt für /o/ (Cholem) auf dieses (statt רֹאשׁ).

NEUES WORT

קָדוֹשׁ heilig

Beispiel: קָדוֹשׁ קָדוֹשׁ קָדוֹשׁ יְהוָה צְבָאוֹת
מְלֹא כָל־הָאָרֶץ כְּבוֹדוֹ

„Heilig, heilig, heilig ist der HERR der Heerscharen, die ganze Erde ist voll seiner Herrlichkeit!“ (Jesaja 6,3)

Das Wort מְלֹא steht für *voll*; danach das dir schon bekannte Wort *ganz*, verbunden durch Maqqeph mit dem bestimmten Artikel vor dem Wort für *Erde*. In dem letzten Wort erkennst du das Wort für *Herrlichkeit* mit dem angehängten Waw für *sein*.

Hast du deinem Herrn eigentlich schon dafür gedankt, dass du diese großartigen Worte jetzt auf Hebräisch lesen kannst?

NEUES WORT

שַׁבָּת Sabbat

Beispiel: שַׁבַּת־קֹדֶשׁ לַיהוָה

„... ein heiliger Sabbat dem HERRN“ (2. Mose 16,23)

Du erkennst in dem Wort für *heilig* dieselben Konsonanten wie in קָדוֹשׁ. – Dem Wort für *HERR* ist das Lamed vorgesetzt, was hier mit dem Dativ (Frage: „Wem?“) wiedergegeben wird, aber auch mit *für* übersetzt werden könnte.

Du hast schon lange nicht mehr intensiv Aufgaben gelöst. Das wollen wir ja im nächsten Kapitel in Angriff nehmen! Dafür ist es sicher hilfreich, wenn du noch einmal alle Konsonanten auf einen Blick vor dir hast:

1	א	Aleph	Vokalträger
2	ב בּ	Beth	/w/ – mit Dagesch /b/. Unterschied zu כ!
3	ג גּ	Gimel	/g/
4	ד דּ	Daleth	/d/ – zu unterscheiden von ר!
5	ה הּ	He	/h/ – oft auch stumm (siehe *Lea*)
6	ו	Waw	/w/ – וֹ /o/, וּ /u/
7	ז זּ	Sajin	/s/ (stimmhaft!) Unterschied zu ו!
8	ח	Cheth	/ch/ – Unterschied zu ה!
9	ט טּ	Teth	/t/ wie Taw
10	י יּ	Jud	/j/
11	כ כּ	Kaph	/ch/ – mit Dagesch wie ק: /k/. Wortende: ךְ
12	ל לּ	Lamed	/l/
13	מ מּ	Mem	/m/ – am Wortende ם. Unterschied zu ס!
14	נ נּ	Nun	/n/ – zu unterscheiden von ג! Wortende: ן
15	ס סּ	Samech	/ß/ – zu unterscheiden von ם!
16	ע	Ajin	*Vokalträger* – Unterschied zu צ!
17	פ פּ	Pe	/f/ – mit Dagesch /p/. Wortende: ף
18	צ צּ	Zade	/ ts/ – Unterschied zu ע! Wortende: ץ

19 ק קּ Qoph /k/ wie כּ

20 ר Resch /r/ – nicht verwechseln mit ד!

21 ש Schin/Sin שׁ שּׁ: /sch/, שׂ שּׂ: /ß/ wie Samech

22 ת תּ Taw /t/ wie Teth

Mit dieser Übersicht sowie der Liste aller Vokale, die nun noch folgt, sollten dir die Übungen im nächsten Kapitel keine Schwierigkeiten bereiten.

In dieser Liste gehen wir einmal von der Aussprache aus und sehen, mit welchen Mitteln sie schriftlich wiedergegeben werden kann. Ob der Vokal kurz oder lang ist, soll hier unberücksichtigt bleiben. Hier sei auch noch einmal betont, dass die Darstellung bewusst vereinfacht ist. In einem ausführlichen Lehrbuch wirst du weitere Feinheiten kennenlernen. – Als Konsonant, auf den der Vokal folgt, nehmen wir jeweils das Beth.

/a/	בָ	בֳ	בַ	בֲ	(s. Fußnote S. 14)
/e/	בֵ	בֵי			
/ä/	בֶ	בֶי	בֱ		
/i/	בִ	בִי			
/o/	בֹ	בוֹ			
/u/	בֻ	בוּ			
/e/ (schwach!)	בְ				

Kapitel 11

Wie angekündigt, sollst du jetzt Gelegenheit bekommen, die Buchstaben der letzten beiden Kapitel etwas intensiver zu üben.

In Kapitel 9 hast du ט bzw. טּ und ת bzw. תּ kennengelernt. Sowohl Teth als Taw, mit und ohne Dagesch, sprechen wir /t/ aus.

In Kapitel 10 hast du mehrere Zischlaute gelernt. Zusammen mit dem Samech aus Kapitel 6 ergibt sich folgende Übersicht für diese Laute:

Aussprache	wie in	Buchstabe	Name
/ß/	*wissen*	ס סּ	Samech
		שׂ שּׂ	Sin
/s/	*Wesen*	ז זּ	Sajin
/sch/	*wischen*	שׁ שּׁ	Schin
/ts/	*wetzen*	צ צּ ץ	Zade

Mit dieser Wiederholung wirst du die folgenden Aufgaben meistern können.

AUFGABE A

Die folgenden Namen sollten so bekannt sein, dass du sie bestimmt ohne Hilfe lesen kannst. Denke daran, dass die Aussprache der hebräischen Namen nicht immer der deutschen Aussprache entspricht. Sehr häufig findet sich für den Schin-Laut im Deutschen die /ß/-Aussprache.

1 אֶסְתֵּר ______________________________

2 יִשְׁמָעֵאל ______________________________

3 בֹּעַז ______________________________

4 צִיּוֹן ______________________________

5 אִיזֶבֶל ______________________________

6 שֵׁת ______________________________

7 צִפֹּרָה ______________________________

8 הַשָּׂטָן ______________________________

9 תַּרְשִׁישׁ ______________________________

10 מֹשֶׁה ______________________________

11 תִּרְצָה ______________________________

12 יְהוֹשָׁפָט ______________________________

AUFGABE B

Die nachfolgenden Namen sind wohl weniger bekannt. Die angegebenen Bibelstellen können dir bei der Lösung helfen. Allerdings sind sie nicht in der richtigen Reihenfolge aufgelistet. Ordne zu, indem du die Namen mit den Bibelstellen verbindest.

1	בֵּלְטְשַׁאצַּר	a	2. Samuel 11,3
2	זְבֻלוּן	b	2. Mose 6,23
3	בַּת־שֶׁבַע	c	Richter 4,2
4	תִּגְלַת פִּלְאֶסֶר	d	Nehemia 2,10
5	אֶלְעָזָר	e	Daniel 1,7
6	שִׁטִּים	f	1. Mose 30,20
7	צָפְנַת פַּעְנֵחַ	g	4. Mose 25,1
8	סִיסְרָא	h	2. Könige 24,18
9	צִדְקִיָּהוּ	i	1. Mose 41,45
10	סַנְבַלַּט	j	2. Könige 15,29

Kannst du das zur Auflockerung lesen?

אָיִן לאֹבּ גּוּת גְּמַחְת בִּס יֶצְת

Das Lob war ernst gemeint, aber dass man das so schreiben kann, ist natürlich ein Scherz. In Kapitel 14 wirst du erfahren, dass es aber doch etwas mehr als nur ein Scherz war ...

AUFGABE C

Finde die Namen anhand der knappen Hinweise heraus. Oder lass dir durch die angegebenen Bibelstellen helfen.

a גֵּחֲזִי – ein Prophetendiener ________________

b נַפְתָּלִי – einer von zwölf Söhnen ________________

c צְרוּיָה – Schwester Davids ________________

d אֶרֶץ־גֹּשֶׁן – neue Heimat für Jakob ________________

e יְרוּשָׁלַיִם – die Stadt des großen Königs ________________

f יְבוּס – ihr ursprünglicher Name ________________

g חִזְקִיָּהוּ – erhielt fünfzehn Jahre dazu ________________

h מְפִיבֹשֶׁת – lahm an des Königs Tafel ________________

i סֻכּוֹת – wo Jakob Hütten baute ________________

j פַּלְטִיאֵל – Fürst in Issaschar ________________

a. 2. Könige 4,12 – b. 1. Mose 30,8 – c. 2. Samuel 2,18 – d. 1. Mose 45,10 – e. Esther 2,6 – f. Richter 19,10 – g. 2. Könige 19,14 – h. 2. Samuel 9,13 – i. 1. Mose 33,17 – j. 4. Mose 34,26

AUFGABE D

Den Mann אִיּוֹב hast du schon kennengelernt. In seinem unbeschreiblichen Leid bekam er Besuch von Männern, mit deren Ratschlägen er nur wenig anfangen konnte. Hier sind ihre Namen:

1 אֱלִיפַז ________________________

2 בִּלְדַּד ________________________

3 צֹפַר ________________________

4 אֱלִיהוּא ________________________

AUFGABE E

Von den Söhnen Jakobs kennst du schon die meisten. Hier tauchen jetzt alle zwölf zusammen auf – und du darfst sie zuordnen.

1	זְבֻלוּן	a	Ruben
2	יְהוּדָה	b	Simeon
3	אָשֵׁר	c	Levi
4	בִּנְיָמִין	d	Juda
5	רְאוּבֵן	e	Sebulon
6	יוֹסֵף	f	Issaschar
7	יִשָּׂשכָר	g	Dan
8	לֵוִי	h	Gad
9	דָּן	i	Aser
10	שִׁמְעוֹן	j	Naphtali
11	גָּד	k	Joseph
12	נַפְתָּלִי	l	Benjamin

AUFGABE F

Den folgenden vier Männern wurden in ihrer neuen und fremden Umgebung andere Namen gegeben. Weil der Ursprungsname jeweils im Dativ steht (also: „*Wem* wurde der neue Name gegeben“?), findet sich jeweils ein Lamed vor dem Namen. Und weil es eine Aufzählung ist, kannst du auch mit einem Waw für *und* rechnen. Für den ersten – dir schon bekannten – Namen ist das Muster vorgegeben.

	לְדָנִיֵּאל בֵּלְטְשַׁאצַּר	*dem Daniel: Beltsazar*
1	וְלַחֲנַנְיָה שַׁדְרַךְ	__________
2	וּלְמִישָׁאֵל מֵישַׁךְ	__________
3	וְלַעֲזַרְיָה עֲבֵד נְגוֹ	__________

War's zu schwer? Dann sieh doch in Daniel 1,7 nach.

> Übrigens:
> Lies auch Vers 8 dazu. Dieser junge Mann ist und bleibt in seiner Entschiedenheit ein mutmachendes Beispiel für jeden, der in feindlicher Umgebung dem Herrn treu nachfolgen will.

DIE BÜCHER DES ALTEN TESTAMENTS

Die Namen von etlichen Verfassern der alttestamentlichen Bücher hast du schon einmal gelesen. Aber es wäre praktisch, wenn wir die Liste vervollständigen könnten.

Der Aufbau der hebräischen Bibel ist etwas anders, als du es aus deiner deutschen Bibel kennst. Man unterscheidet drei Gruppen: *das Gesetz*, *die Propheten* und *die Schriften*.

Mit dem **Gesetz** (hebr. תּוֹרָה) sind die fünf Mosebücher gemeint. Ihre hebräischen Namen gehen jeweils zurück auf ein Wort aus dem ersten Vers des Buches. Auch in den mit Vokalen versehenen Bibelausgaben werden die Bibelbücher selbst üblicherweise ohne Vokale geschrieben.

1. Mose „bereschit" – „am Anfang" – בראשית

Die hebräische Bibel fängt mit diesen Worten an:

בְּרֵאשִׁית בָּרָא אֱלֹהִים

Du erkennst vielleicht רֹאשׁ, was ja die Bedeutung *Haupt* oder *Anfang* hat.

2. Mose „schemoth" – „Namen" – שמות

Das Buch beginnt mit: וְאֵלֶּה שְׁמוֹת בְּנֵי יִשְׂרָאֵל

„Und dies sind die Namen der Söhne Israels." אֵלֶּה ist die Mehrzahl von זֶה und kam in Kapitel 10 schon einmal vor.

3. Mose „wajikra" – „und er rief" – ויקרא

So lauten die ersten Worte: וַיִּקְרָא אֶל־מֹשֶׁה וַיְדַבֵּר יְהוָה

Wörtlich: „Und (es) rief dem Mose und sprach der HERR." (Das אֶל vor Mose könnte man als eine Langform des Lamed für den Dativ bezeichnen. – In dem vorletzten Wort siehst du die Konsonanten von דָּבָר für *Wort*.)

4. Mose „bemidbar“ – „in der Wüste“ – במדבר

Neu ist für dich nur das Wort für Wüste: מִדְבָּר – alles andere solltest du in diesem ersten Vers verstehen:

וַיְדַבֵּר יְהוָה אֶל־מֹשֶׁה בְּמִדְבַּר סִינַי

(„Und der HERR redete zu Mose in der Wüste Sinai.“)

5. Mose „haddevarim“ – „Worte“– הדברים

Das Buch fängt an mit אֵלֶּה הַדְּבָרִים. Vom 2. Buch Mose kennst du schon אֵלֶּה, und דְּבָרִים ist die Mehrzahl von דָּבָר. Das ergibt dann: „dies [sind] die Worte“.

Aus der Gruppe der **Propheten** (hebr. נְבִיאִים – die Mehrzahl von נָבִיא) kennst du schon einige Namen (der Einfachheit halber mit Vokalen). Die Reihenfolge stimmt leider nicht – kannst du Ordnung schaffen und die richtigen Buchstaben hinter die hebräischen Wörter schreiben?

AUFGABE G

1	חֲבַקּוּק	a. Jeremia
2	מִיכָה	b. Obadja
3	יִרְמְיָהוּ	c. Jona
4	עָמוֹס	d. Sacharja

5	עֹבַדְיָה	e. Haggai
6	זְכַרְיָה	f. Hesekiel
7	יְחֶזְקֵאל	g. Micha
8	נַחוּם	h. Nahum
9	יוֹאֵל	i. Amos
10	חַגַּי	j. Habakuk
11	יוֹנָה	k. Joel

Außerdem gehören in der hebräischen Bibel zu dieser Gruppe noch die folgenden Bücher:

Josua	יהושע	יְהוֹשֻׁעַ
Richter	שפטים	שֹׁפְטִים
1./2. Samuel	שמואל	שְׁמוּאֵל
1./2. Könige	מלכים	מְלָכִים
Jesaja	ישעיה	יְשַׁעְיָהוּ
Hosea	הושע	הוֹשֵׁעַ
Zephanja	צפניה	צְפַנְיָה
Maleachi	מלאכי	מַלְאָכִי

Hinweis: מְלָכִים ist der Plural von מֶלֶךְ.

AUFGABE H

Die dritte Gruppe heißt **Schriften** (כְּתוּבִים). Sechs Bücher davon kannst du schon lesen.

Du findest wieder die Form ohne Vokale, wie sie in der Bibel als Überschrift verwendet wird; daneben steht aber auch die vokalisierte Form, damit du das Wort lesen kannst. Trage jeweils den deutschen Namen in die Liste ein.

1	איוב	אִיּוֹב	____________
2	רות	רוּת	____________
3	אסתר	אֶסְתֵּר	____________
4	דניאל	דָּנִיֵּאל	____________
5	עזרא	עֶזְרָא	____________
6	נחמיה	נְחֶמְיָה	____________

AUFGABE I

Es gibt noch sechs weitere Bücher in der Gruppe, welche die folgenden Namen tragen. Versuche, anhand der Hinweise die deutschen Bezeichnungen herauszufinden.

1 תהלים תְּהִלִּים –

Der Name ist abgeleitet von einem Verb mit der Bedeutung *preisen*.

2 משלי מִשְׁלֵי –

Die Bedeutung des Wortes wird in einem Wörterbuch wiedergegeben mit: *Gleichnis, Denkspruch* – hier verfasst von einem weisen König.

3 שיר השירים שִׁיר הַשִּׁירִים –

Das zweite Wort ist die Mehrzahlform des ersten, versehen mit dem bestimmten Artikel.

4 קהלת קֹהֶלֶת –

Dem Wort liegt ein Verb zugrunde, das *zusammenrufen* bedeutet. Erst wenn das geschehen ist, kann dieser Mann tätig werden.

5 איכה אֵיכָה –

Das Wort bedeutet *wie*. Voll Schmerz ausgerufen steht es ganz am Anfang dieses Buches.

6 דברי הימים דִּבְרֵי הַיָּמִים –

Das erste Wort kommt von דָּבָר (*Wort* oder *Sache*), und das zweite Wort ist die Mehrzahl von יוֹם mit bestimmtem Artikel. In 1. und 2. Könige ist öfter die Rede von dem „Buch der *Worte/Sachen der Tage* der Könige“. Knifflig – oder? Aber es bleibt ja eigentlich nur noch ein Buch (oder zwei in einem) übrig!

Nach diesen vielen Aufgaben, wird es Zeit, die Lösungen zu kontrollieren. Sicher kannst du große Erfolge verzeichnen!

LÖSUNGEN

Aufgabe A:

1. Esther (Esther 2,7)
2. Ismael (1. Mose 16,11)
3. Boas (Ruth 2,1)
4. Zion (2. Samuel 5,7)
5. Isebel (1. Könige 16,31)
6. Seth (1. Mose 4,25)
7. Zippora (2. Mose 2,21)
8. Satan[9] (Hiob 1,6)
9. Tarsis (1. Könige 10,22)
10. Mose (2. Mose 2,10)
11. Tirza (4. Mose 26,33)
12. Josaphat (1. Könige 15,24)

Aufgabe B:

1e (Beltsazar)
2f (Sebulon)
3a (Bathseba)
4j (Tiglat-Pileser)
5b (Eleasar)
6g (Sittim)
7i (Zaphnath-Pahneach)
8c (Sisera)
9h (Zedekia)
10d (Sanballat)

Aufgabe C:

a. Gehasi
b. Naphtali
c. Zeruja
d. Land Gosen
e. Jerusalem
f. Jebus
g. Hiskia
h. Mephiboseth
i. Sukkot
j. Paltiel

---

[9] Hast du den bestimmten Artikel gesehen? Mit diesem ist *der* Widersacher Gottes gemeint. Ohne Artikel ist ein Widersacher im Allgemeinen gemeint (z. B. 1. Samuel 29,4).

Aufgabe D:

1. Eliphas – 2. Bildad – 3. Zophar – 4. Elihu (Hiob 2,11 und 32,4)

Aufgabe E:

1e – 2d – 3i – 4l – 5a – 6k – 7f – 8c – 9g – 10b – 11h – 12j

Aufgabe F:

1. und dem Hananja: Sadrach – 2. und dem Misael: Mesach 3. und dem Asarja: Abednego

Aufgabe G:

1j. Habakuk – 2g. Micha – 3a. Jeremia – 4i. Amos – 5b. Obadja 6d. Sacharja – 7f. Hesekiel – 8h. Nahum – 9k. Joel – 10e. Haggai 11c. Jona

Aufgabe H:

1. Hiob – 2. Ruth – 3. Esther – 4. Daniel – 5. Esra – 6. Nehemia

Aufgabe I:

1. Psalmen (Preis-Lieder) – 2. Sprüche (Salomos) – 3. Lied der Lieder/Hohelied – 4. Prediger – 5. Klagelieder – 6. Chronik (z. B. 1. Könige 14,19)

Dankst du Gott, dass du schon so weit gekommen bist? Schon so viel gelernt hast?

* * *

Mit dem Alphabet solltest du so weit vertraut sein. Lesen kannst du jetzt, aber das heißt ja noch nicht, dass man das Gelesene auch versteht. Deshalb möchte ich dir in den nächsten Kapiteln gern noch ein wenig mehr auf die Sprünge helfen, damit du dich an die Arbeit machst und anhand eines Lehrwerks die hebräische Sprache gründlich studierst. Du kannst das! Du bist noch jung (zumindest doch im Geist!) – warum machst du dich nicht an die Arbeit? Es wird dir zum Nutzen sein – und eine spannende Herausforderung ist es auf jeden Fall!

Kapitel 12

Die Absicht mit diesem Buch war, dass du die hebräische Schrift lesen kannst. Und dieses Zwischenziel müsstest du jetzt im Wesentlichen[10] erreicht haben.

Mit den erworbenenen Kenntnissen solltest du dich aber nicht zufriedengeben. Dein Hauptziel ist ja hoffentlich, die hebräische Sprache gründlich zu lernen. Dafür brauchst du ein Lehrwerk, wie ich es im Kapitel „Bücher, die weiterhelfen“ empfehle. Um dir einen leichteren Übergang zu verschaffen und damit du noch etwas mehr Lesefreude bekommst, folgen auf den nächsten Seiten einige kurze grammatische Hinweise, neue Vokabeln und weitere Übungen. Wie gewohnt halten wir alles – relativ – einfach.

SUBSTANTIVE

Bei den Substantiven muss unterschieden werden, ob sie maskulin (also männlich) oder feminin (weiblich) sind. Das hat seine Auswirkungen auf die Bildung des Plurals (der Mehrzahl) und auch z. B. auf die Formen der Adjektive (der Eigenschaftswörter).

Eine typische Pluralendung der maskulinen Substantive ist *-im*. So ist dir im letzten Kapitel דְּבָרִים als die Mehrzahl von דָּבָר be-

[10] Wenn du eine hebräische Bibel aufschlägst, entdeckst du noch eine Fülle weiterer Zeichen, die für den lauten Vortrag von Bedeutung sind.

gegnet, und du hast die Mehrzahl von נָבִיא gesehen: נְבִיאִים. Du merkst, wie das Konsonantengerüst im Wesentlichen gleich bleibt, aber die Vokale zeigen sich oft ziemlich beweglich.

Eine typisch weibliche Pluralendung hingegen ist *-oth*, wie du sie im hebräischen Namen für das 2. Buch Mose gesehen hast: שְׁמוֹת. Der Singular (also die Einzahl) dazu lautet: שֵׁם *Name*. Auch wenn man es im Wörterbuch nachschlagen kann, solltest du dir später beim Lernen der Vokabeln das Geschlecht der Substantive direkt mit einprägen.

Sehen wir uns noch einmal ein maskulines Substantiv an: Die Mehrzahl von בֵּן lautet בָּנִים (wie z. B. in 1. Mose 5,7). Wenn aber z. B. in 1. Mose 10,22 von den „Söhnen Sems“[11] die Rede ist, liest sich das so: בְּנֵי שֵׁם. Im Deutschen ändert sich bei einem solchen Abhängigkeitsverhältnis der zweite Teil: Sem erhält ein Genitiv-s. Im Hebräischen dagegen ist es häufig so, dass der erste Teil seine Form verändert.

Noch ein Beispiel? דְּבָרִים ist die Mehrzahl von דָּבָר. Aber in dem Genitiv „Worte des Königs“ wird wieder der erste Teil verändert (anders als im Deutschen, wo der zweite Teil ein s erhält): דִּבְרֵי הַמֶּלֶךְ (Nehemia 2,18). Immer wieder aber wird deutlich, wie stabil das Grundgerüst der Konsonanten ist.

---

[11] Du weißt jetzt übrigens, dass die Bedeutung des Namens Sem *Name* ist.

Sei also ständig darauf gefasst, dass ein Wort sehr unterschiedliche Formen annehmen kann. Findest du diese Unterschiedlichkeit nicht auch interessant?

Hier noch anhand eines dir bekannten Wortes ein Beispiel, wie das grammatische Geschlecht eines Substantivs auch ein dazugehöriges Adjektiv verändert:

	maskulin	feminin
Singular	גָּדוֹל	גְּדוֹלָה
Plural	גְּדוֹלִים	גְּדוֹלוֹת

Weil das Wort für *Stein* im Hebräischen feminin ist, heißt „der große Stein" (wie in 1. Mose 29,2): הָאֶבֶן גְּדֹלָה. (Wie du siehst, kann ein und dasselbe Wort sogar unterschiedlich geschrieben werden: גְּדוֹלָה und גְּדֹלָה.)

BESITZ ODER ZUGEHÖRIGKEIT

Im Deutschen kennen wir die Possessivbegleiter zur Anzeige des Besitzes, die wir *vor* das Substantiv setzen: *mein* König, *dein* Volk, *sein* Name usw. Im Hebräischen dagegen erhält das Substantiv eine Endung, die dasselbe ausdrückt. Du weißt zum Beispiel schon, dass „Eli, Eli" so viel bedeutet wie „Mein Gott, mein Gott". Und wieder können sich durch das Anhängen der Endung die Vokale verändern. Bekannt ist das Wort מֶלֶךְ, aber „mein König" (Psalm 5,3) heißt: מַלְכִּי.

Manchmal sind wirklich große analytische Fähigkeiten gefragt. Siehst du zum Beispiel hier בְּיָדֶךָ das hebräische Wort für *Hand?* In 5. Mose 33,3 stehen die Worte „in deiner Hand", wobei das Beth für *in* und das angehängte Kaph mit /a/ für *dein* steht. Als Kern bleibt das dir bekannte יָד übrig!

Anhand der Wörter für *Pferd* סוּס und *Wort/Sache* דָּבָר findest du hier die Possessivendungen aufgelistet.

סוּסִי	mein Pferd	דְּבָרִי	mein Wort
סוּסְךָ	dein Pferd	דְּבָרְךָ	dein Wort
סוּסֵךְ	dein Pferd (f.)	דְּבָרֵךְ	dein Wort (f.)
סוּסוֹ	sein Pferd	דְּבָרוֹ	sein Wort
סוּסָהּ	ihr Pferd	דְּבָרָהּ	ihr Wort
סוּסֵנוּ	unser Pferd	דְּבָרֵנוּ	unser Wort
סוּסְכֶם	euer Pferd	דְּבַרְכֶם	euer Wort
סוּסְכֶן	euer Pferd (f.)	דְּבַרְכֶן	euer Wort (f.)
סוּסָם	ihr Pferd	דְּבָרָם	ihr Wort
סוּסָן	ihr Pferd (f.)	דְּבָרָן	ihr Wort (f.)

Wie du siehst, unterscheidet man häufiger als im Deutschen, ob der Besitzer maskulin oder feminin (f.) ist. In der Praxis wirst du den maskulinen Formen öfter in der Bibel begegnen.

In den unten aufgeführten Beispielen sind immer irgendwo Possessivendungen enthalten. Erkennst du sie, und kannst du die Ausdrücke im Ganzen übersetzen? (Je besser du deine Vokabeln bis jetzt gelernt hast, desto größer werden deine Erfolge sein. Wenn du dich unsicher fühlst, blättere in aller Ruhe zurück und wiederhole die letzten Lektionen.)

AUFGABE A

1. Hier zeigt sich der tiefe Schmerz, den ein König über den Verlust seines Sohnes empfand:

בְּנִי אַבְשָׁלוֹם בְּנִי בְנִי אַבְשָׁלוֹם

2. Gott macht unmissverständlich klar, wie Er heißt:

אֲנִי יְהוָה הוּא שְׁמִי

3. Hier wendet sich Joseph an seine Brüder:

וְהִגַּדְתֶּם לְאָבִי אֶת־כָּל־כְּבוֹדִי בְּמִצְרַיִם

Das erste Wort heißt *Berichtet.* Danach folgt ein Substantiv mit der Possessivendung in der ersten Person Singular mit dem Dativ-Lamed (Frage: „Wem?“). – Der Objektmarker (Frage: „Was?“), das Wort für *ganz* und das nächste Substantiv mit der Possessivendung in der ersten Person Singular bilden eine Einheit. – Dem Beth der Ortsangabe folgt das hebräische Wort für *Ägypten*, das von einem Sohn Hams abgeleitet ist (1. Mose 10,6).

4. Dieser Vers fängt an mit: „Es werden fürchten die Nationen ...“ Später in dem Satz erscheint eine Mehrzahlform von מֶלֶךְ.

(וְיִירְאוּ גוֹיִם) אֶת־שֵׁם יְהוָה וְכָל־מַלְכֵי הָאָרֶץ אֶת־כְּבוֹדֶךָ

5. Hier wendet sich der HERR von der Spitze der Himmelsleiter an Jakob. Die Form אֱלֹהֵי ist ein Beispiel dafür, wie sich in einer Genitivverbindung das erste Wort verändert und nicht das zweite wie im Deutschen.

אֲנִי יְהוָה אֱלֹהֵי אַבְרָהָם אָבִיךָ

6. „Die Jungfrau wird schwanger werden und einen Sohn gebären und wird ? nennen.“

שְׁמוֹ עִמָּנוּ אֵל

7. Was ist es, das „ewig währt“ und in einem Psalm sechsundzwanzig Mal wiederholt wird?

חַסְדּוֹ

8. Was sendet der Herr mit einer heilenden Absicht?

דְּבָרוֹ

9. Die ersten beiden mit Maqqeph verbundenen Wörter bedeuten „wie herrlich (ist)“. Siehst du auch das Beth der Ortsangabe?

יְהוָה אֲדֹנֵינוּ מָה־אַדִּיר שִׁמְךָ בְּכָל־הָאָרֶץ

10. Die Gibeoniter behaupteten, es sei warm gewesen, dann aber auf der langen Reise schimmelig geworden. Was war es?

זֶה לַחְמֵנוּ

11. Warum sollten die Kinder Israel heilig sein? Welche Erklärung gibt der HERR von sich ab?

כִּי קָדוֹשׁ אֲנִי יְהוָה אֱלֹהֵיכֶם

12. Ein nach Ägypten Verkaufter gibt sich zu erkennen:

אֲנִי יוֹסֵף אֲחִיכֶם

13. Von den erstgeborenen Tieren sollte etwas an den Altar gesprengt werden? Was war es?

דָּמָם

14. Was sollte Samuel tun, als die Leute seines Volkes auch einen König haben wollten? Das erste Wort ist die Aufforderung zu hören. Das Beth vor dem Substantiv wird mit *auf* übersetzt.

שְׁמַע בְּקוֹלָם

NOCH EINE WICHTIGE „VORSILBE“

Du kennst schon das dem Substantiv vorgestellte Beth, das oft eine Ortsangabe ist. Das Kaph seinerseits vor dem Substantiv dient oft dazu, eine Ähnlichkeit auszudrücken, was mit *wie* übersetzt werden kann. Über das Lamed weißt du, dass es verwendet wird, um einen Dativ auszudrücken, oder auch durch Wörter wie *für*, *nach*, *zu* übersetzt werden kann. Vereinfacht ausgedrückt deutet es die Richtung „auf etwas hin“ an. Das Gegenteil dazu (also in der Bedeutung „von etwas weg“) wird auch durch eine „Vorsilbe“ ausgedrückt. Hier wird das Mem verwendet, das oft den Vokal /i/ oder /e/ trägt. So sollte zum Beispiel das Böse weggeschafft werden „aus Israel“ (5. Mose 17,12):

מִיִּשְׂרָאֵל

AUFGABE B

Schreibe die Übersetzung hinter die hebräischen Ausdrücke. Beachte bitte, dass das 6. Beispiel eine Possessivendung hat.

1 מִמִּצְרַיִם ____________________

2 מֵאוֹפִיר ____________________

3 מִבֵּית אֵל ____________________

4 אִישׁ מֵהַר אֶפְרַיִם ____________________

5 מִיַּד מִדְיָן ____________________

6 מֵאַרְצְךָ ____________________

Wenn es zu schwierig sein sollte, kannst du dich in diesen (noch nicht geordneten!) Bibelstellen nach der Lösung umsehen:

a. 1. Mose 35,16 – b. Richter 8,22 – c. 1. Könige 10,11 – d. 1. Mose 12,1 – e. 2. Samuel 20,21 – f. 2. Mose 3,10

Neben dieser „Vorsilbe“ kommt auch eine Langform מִן vor. So zum Beispiel, wo der HERR eine Rippe „von dem Menschen“ nimmt, um die Frau daraus zu bilden (1. Mose 2,22):

מִן־הָאָדָם

VERBEN

Sicher ist dir aufgefallen, dass wir das Thema Verben bis jetzt fast völlig ausgelassen haben. Das liegt einfach daran, dass es sich hier um den wohl umfangreichsten Teil der hebräischen Grammatik handelt. Deshalb ist hier auch nicht der Raum, um näher darauf einzugehen. Trotzdem sollst du einen Vorgeschmack bekommen – nicht um dich abzustoßen, sondern um dich zu interessieren für dieses weite Feld.

Häufig hat das hebräische Verb – wie wir es ja auch schon bei manchen anderen Wörtern gesehen haben – drei Konsonanten, welche die Grundbedeutung wiedergeben. Es kann zu Veränderungen an dieser Konsonantendreizahl kommen, viel häufiger aber ist, dass davor und dahinter Wortbestandteile angehängt werden, die mit einer großen Variation an Vokalen auftreten. Die Kunst besteht darin, die Grundbedeutung der Konsonanten „herauszuschälen“.

Im letzten Kapitel kamen schon einmal Verben vor. Bei der Form וַיְדַבֵּר für „und sprach“ sahst du schon die Konsonanten aus dem Substantiv דָּבָר für *Wort*. Die einfachste Form des Verbs (so in den meisten Wörterbüchern), steht ohne Vor- oder Nachsilben, Vokalen oder Dagesch, sondern zeigt das einfache Grundgerüst an Konsonanten: דבר. Mit Vokalen versehen, kann es mit der 3. Person Singular männlich in der Vergangenheit übersetzt werden.

Ein Beispiel für das Vorkommen eines solchen Verbs hast du im ersten Vers der Bibel gesehen: בָּרָא für „(er) schuf".

Anhand der folgenden Beispiele siehst du, wie jeweils die Konsonanten die Bedeutung vermitteln, die dann in unterschiedlichen Wortarten auftaucht.

Du kennst das Adjektiv גָּדוֹל für *groß*. Im Wörterbuch findest du eine Verbform גָּדַל, die so viel bedeutet wie „groß werden/sein". – *König* heißt מֶלֶךְ, und dann verwundert es nicht, dass מָלַךְ *regieren* oder *herrschen* bedeutet. Vergleiche:

יְהוָה מֶלֶךְ   יְהוָה מָלַךְ

Links steht: „Der Herr (ist) König" (Psalm 10,16), rechts dagegen ist es ein Verb: „Der Herr regiert" (Psalm 93,1).

> Übrigens:
>
> Ist das nicht befreiend? Der HERR hat völlige Kontrolle über alles! Nichts entgeht Ihm, nichts entgleitet Ihm. Das gilt auch für dein Leben. Paul Gerhardt hat es so gesagt: „Gott sitzt im Regimente und führet alles wohl."

In dem folgenden Satz solltest du jedes Wort kennen. Aber verstehst du auch den Sinn?

כִּי־יְהוָה נָתַן הַשַּׁבָּת

Der Name des Propheten *Nathan* bedeutet: „er hat gegeben“ (נָתַן), und hier handelt es sich um dieses Verb. (*Jonathan* heißt „Jahwe hat gegeben“ – und *Nathanel*? Für dich ist das jetzt keine Schwierigkeit mehr! Der Name kommt exakt so nicht im Alten Testament vor, trotzdem ist er hebräisch und bedeutet „Gott hat gegeben“.) Die Übersetzung steht in 2. Mose 16,29: „Weil der HERR (euch) den Sabbat gegeben hat“.

Das Adjektiv für *heilig* קָדוֹשׁ ist dir schon begegnet. Das Verb heißt קדשׁ mit der Bedeutung *heilig sein* oder *weihen*. Findest du es in diesem Satz (Hesekiel 36,23)?

וְקִדַּשְׁתִּי אֶת־שְׁמִי הַגָּדוֹל

Im Deutschen wird das Verb übersetzt mit „ich werde heiligen“. Den Rest kannst du selbst lesen und verstehen: „meinen großen Namen“.

Bei den Possessivendungen der Substantive wurde schon deutlich, dass unterschieden wird zwischen den einzelnen Personen, zwischen Singular und Plural und zwischen maskulin und feminin. Das gilt auch für das Verb. Vielleicht kommen dir einige Endungen in der nun folgenden Konjugationsübersicht des Verbs für *schreiben* bekannt vor, wenn du noch einmal zu den Possessivendungen der Substantive zurückblätterst.

כָּתַב	er schrieb	כָּתְבוּ	sie schrieben
כָּתְבָה	sie schrieb		
כָּתַבְתָּ	du (m.) schriebst	כְּתַבְתֶּם	ihr (m.) schriebt
כָּתַבְתְּ	du (f.) schriebst	כְּתַבְתֶּן	ihr (f.) schriebt
כָּתַבְתִּי	ich schrieb	כָּתַבְנוּ	wir schrieben

(Im Hebräischen werden die Verbformen üblicherweise anfangend mit der dritten Person dargestellt.)

Darüber hinaus werden aber noch andere Ausdrucksweisen des Verbs unterschieden, die wir im Deutschen zum Teil gar nicht haben. Für das inhaltliche Verständnis ist es zunächst immer wichtig, das Konsonantengerüst zu erkennen. Die weiteren Bedeutungsunterschiede kannst du dann später mit einem richtigen Lehrwerk studieren – in dem du dann auch die jeweiligen Verbformen nachschlagen kannst. Mit diesen Vorüberlegungen zum Thema Verben müssen wir uns hier begnügen.

LÖSUNGEN

Aufgabe A:

1. „Mein Sohn Absalom, mein Sohn, mein Sohn Absalom.“ (2. Samuel 19,1)
2. „Ich bin der HERR, das [er/es] (ist) mein Name.“ (Jesaja 42,8)
3. „Berichtet meinem Vater alle meine Herrlichkeit in Ägypten.“ (1. Mose 45,13)
4. „Und die Nationen werden den Namen des HERRN fürchten, und alle Könige der Erde deine Herrlichkeit.“ (Psalm 102,16)
5. „Ich bin der HERR, der Gott Abrahams, deines Vaters.“ (1. Mose 28,13)
6. „seinen Namen Immanuel“ (Jesaja 7,14)
7. „seine Güte“ (Psalm 136)
8. „sein Wort“ (Psalm 107,20)
9. „HERR, unser Herr, wie herrlich ist dein Name auf der ganzen Erde!“ (Psalm 8,2)
10. „dieses unser Brot“ (Josua 9,12)
11. „Denn ich, der HERR, euer Gott, bin heilig.“ (3. Mose 19,2)
12. „Ich bin Joseph, euer Bruder.“ (1. Mose 45,4)
13. „ihr Blut“ (4. Mose 18,17)
14. „höre auf ihre Stimme“ (1. Samuel 8,9)

Aufgabe B:

1f. „aus Ägypten“ – 2c. „von Ophir“ – 3a. „von Bethel“ – 4e. „ein Mann vom Gebirge Ephraim“ – 5b. „aus der Hand Midians“ – 6d. „aus deinem Land“

> Übrigens:
>
> Von Abraham heißt es, dass er מֵחָרָן zog (1. Mose 12,4). Wenn Gott *dir* deutlich macht, dass du „aus deinem Land“ מֵאַרְצְךָ (wie in Vers 1 steht) aufbrechen sollst, reagierst du dann genau so wie Abraham?

Kapitel 13

Hast du dir schon ein Lehrwerk besorgt? Oder hast du Lust auf noch mehr Lesestoff?

Mit den Wörtern und Hinweisen zur Grammatik, die du dir bis jetzt angelesen hast, kannst du schon so einiges aus dem Alten Testament lesen und verstehen. Bevor du das ausprobierst, solltest du dich aber noch mit dem allerersten Vers der Bibel vertraut machen. Den Großteil daraus kennst du schon (siehe Kapitel 9) – den Rest wirst du jetzt kennenlernen.

בְּרֵאשִׁית בָּרָא אֱלֹהִים אֵת הַשָּׁמַיִם וְאֵת הָאָרֶץ

Aus Kapitel 11 ist dir bekannt, dass das erste Wort gleichzeitig der Name des ganzen Buchs ist und „am Anfang“ bedeutet (Beth plus רֵאשִׁית). Danach folgt das Verb für *bilden* oder *schaffen* in der typischen Form der 3. Person Singular der Vergangenheit, wie sie auch im Wörterbuch steht. Das Wort שָׁמַיִם weist eigentlich auf eine Mehrzahl hin, wie du an der Endung erkennst. Diesen Vers lernst du jetzt sicher auswendig – aber nicht, um damit anzugeben, oder?

Wenn du nun im Folgenden etliche Aufgaben zum Üben bekommst, dann bleibe bitte locker, wenn nicht alles so geht, wie du es dir erhoffst. Bevor du verzagst – schlage lieber in der Lösung nach und probiere weiter an der nächsten Aufgabe. (In wenigen Fällen sind die Verse leicht vereinfacht, damit nicht zu viel erklärt werden muss.)

Hinweis: Neue Vokabeln können wiederholt auftauchen. Deshalb lohnt es sich, jedes neue Wort gut zu lernen.

AUFGABE A

Hier brauchst du mit Sicherheit keine Hilfe, deshalb werden auch die Bibeltexte nicht angegeben. Es ist nicht wichtig, dass dein Ergebnis Wort für Wort mit dem Bibeltext übereinstimmt; es gilt, den Sinn zu erfassen.

1	יְהוָה בְּצִיּוֹן גָּדוֹל	____________________
2	לְעֶגְלוֹן מֶלֶךְ מוֹאָב	____________________
3	רוּחַ אֲדֹנָי יְהוָה	____________________
4	אָנֹכִי הָאֵל בֵּית־אֵל	____________________
5	אִישׁ מִבֵּית לֵוִי	____________________
6	אֱלֹהִים אֵלִי אַתָּה	____________________
7	כִּי נָבִיא הוּא	____________________
8	נְבֻכַדְנֶאצַּר מֶלֶךְ בָּבֶל	____________________
9	כִּי־גָּדוֹל אַתָּה	____________________
10	וְיַעֲקֹב נָתַן לְעֵשָׂו לֶחֶם	____________________

AUFGABE B

Die folgenden wichtigen Wörter brauchst du für die Übersetzung:

וַיֹּאמֶר	(und) er sprach; zum Cholem s. Hinweis auf S. 109
אִשָּׁה	Frau
וַיִּקְרָא	(und) er redete, rief (an)
אֶל	Langform für die Vorsilbe לְ
הִנְנִי	hier (bin) ich
אֲשֶׁר	welcher, welche, welches, der, die, das
לָכֶם	(für) euch

1 וַיֹּאמֶר יְהוָה אֱלֹהִים לֹא־טוֹב

---

2 וַיֹּאמֶר יְהוָה אֱלֹהִים לָאִשָּׁה

---

3 וַיִּקְרָא בְּשֵׁם יְהוָה

---

4 וַיֹּאמֶר אַבְרָם אֶל־מֶלֶךְ סְדֹם

---

5 וַיֹּאמֶר מֹשֶׁה וַיֹּאמֶר הִנֵּנִי

---

6 וַיֹּאמֶר הַמֶּלֶךְ אִישׁ־טוֹב זֶה

---

7 וַיִּקְרָא יְהוָה מִן־הָהָר

8 וַיֹּאמֶר נָתָן אֶל־דָּוִד אַתָּה הָאִישׁ

9 וַיִּקְרָא אֲחִימַעַץ וַיֹּאמֶר אֶל־הַמֶּלֶךְ שָׁלוֹם

10 וַיֹּאמֶר מֹשֶׁה אֶל־יְהוָה אֲדֹנָי לֹא אִישׁ דְּבָרִים אָנֹכִי

11 וַיֹּאמֶר אָנֹכִי אֱלֹהֵי אָבִיךָ אֱלֹהֵי אַבְרָהָם
אֱלֹהֵי יִצְחָק וֵאלֹהֵי יַעֲקֹב

12 וַיֹּאמֶר מֹשֶׁה הוּא הַלֶּחֶם אֲשֶׁר נָתַן יְהוָה לָכֶם

In diesen – nicht geordneten – Bibelstellen findest du die Lösungen. Hast du zuerst versucht, ohne in der Bibel nachzuschlagen?

a. 2. Mose 19,3
b. 1. Mose 12,8
c. 2. Mose 16,15
d. 1. Mose 2,18
e. 2. Samuel 18,28
f. 2. Mose 3,4
g. 1. Mose 3,13
h. 2. Samuel 18,27
i. 2. Mose 4,10
j. 2. Mose 3,6
k. 1. Mose 14,22
l. 2. Samuel 12,7

AUFGABE C

In dieser Übung kommen die Verben ברך und שמע vor. Das erste Verb hat die Grundbedeutung „sich verbeugen, knien". Daraus ergibt sich, dass es sowohl mit „verehren, preisen" übersetzt wird, aber auch mit „segnen". In der Haltung des Niederkniens[12] vor dem Mächtigen ist der Ausdruck von Verehrung enthalten, aber sie ist auch Voraussetzung, um Segen zu empfangen. Der Freund und Sekretär Jeremias, *Baruch*, trägt die Bedeutung *Gesegneter* in seinem Namen.

Die Form בָּרוּךְ wird im Folgenden übersetzt mit „gepriesen/gesegnet sei".

Das zweite Wort שמע bedeutet *hören* und kommt in solchen Namen vor wie *Samuel* („Gott hat erhört"), *Ismael* („Gott hört") oder *Schemaja* („Der HERR hat gehört"). Du kennst die Befehlsform שְׁמַע schon aus Kapitel 12, Aufgabe A14. Vielleicht hast du auch schon einmal vom „Schma Jisrael" gehört, dem Glaubensbekenntnis der Juden, zu dem der Satz aus dem 5. Buch Mose gehört, den du unter Nr. 4 übersetzen sollst. Wichtig: Die feminine Form lautet שִׁמְעִי und wird für den allerletzten Satz am Ende von Kapitel 14 als bekannt vorausgesetzt! – Das erste Wort unter Nr. 6 ist eine Vergangenheitsform dieses Verbs in der 3. Person Singular.

---

[12] Das neuhebräische Wort für *Knie* lautet בֶּרֶךְ.

Du kennst schon יְהִי für „es werde“. Zum gleichen Verb gehört die Form הָיָה mit der Bedeutung „er/es war, es geschah“, die auch so im Wörterbuch steht. Übrigens ist damit auch יְהוָה verwandt, denn hinter *HERR* bzw. *Jahwe* verbirgt sich „der (ewig) Seiende“.

1 בָּרוּךְ יְהוָה הַיּוֹם

---

2 בָּרוּךְ יְהוָה אֱלֹהֵי אֲדֹנִי אַבְרָהָם

---

3 בָּרוּךְ אַתָּה יְהוָה אֱלֹהֵי יִשְׂרָאֵל אָבִינוּ

---

4 שְׁמַע יִשְׂרָאֵל יְהוָה אֱלֹהֵינוּ יְהוָה אֶחָד[13]

---

5 וַיֹּאמֶר יְשַׁעְיָהוּ אֶל־חִזְקִיָּהוּ שְׁמַע דְּבַר־יְהוָה צְבָאוֹת

---

6 וַיִּשְׁמַע יְהוָה בְּקוֹל יִשְׂרָאֵל

---

7 וַיְהִי בַּלַּיְלָה וַיְהִי דְבַר־יְהוָה אֶל־נָתָן

---

8 וַיְהִי שָׂטָן לְיִשְׂרָאֵל

---

[13] Steht für das Zahlwort „eins“ – hier betontes „ein“.

9 וּלְכָל־בְּנֵי יִשְׂרָאֵל הָיָה אוֹר

---

10 אִישׁ הָיָה בְאֶרֶץ־עוּץ אִיּוֹב שְׁמוֹ

Zum Überprüfen hier die Bibelstellen (in der richtigen Reihenfolge):

1. 1. Könige 5,21
2. 1. Mose 24,27
3. 1. Chronik 29,10
4. 5. Mose 6,4
5. Jesaja 39,5
6. 4. Mose 21,3
7. 2. Samuel 7,4
8. 1. Könige 11,25
9. 2. Mose 10,23
10. Hiob 1,1

AUFGABE D

Hier sollst du die hebräischen Wortgruppen den deutschen Übersetzungen zuordnen. Das Wort עַל in Nr. 11 bedeutet *über* oder *auf*. Schreibe den jeweiligen Buchstaben an den rechten Rand.

1 כִּי־גָדוֹל יוֹם־יְהוָה

2 אֱלֹהִים אֱלֹהֶיךָ אָנֹכִי

3 כִּי גָדוֹל כְּבוֹד יְהוָה

4 מְנֵא מְנֵא תְּקֵל וּפַרְסִין

5 כִּי־שַׁבָּת הַיּוֹם לַיהוָה

6 כִּי־אֲנִי יְהוָה קָדוֹשׁ בְּיִשְׂרָאֵל

7 כִּי־אַתָּה אֲדֹנָי טוֹב

8 מִי־אַתָּה הַר־גָּדוֹל

9 טוֹב לְיִשְׂרָאֵל אֱלֹהִים

10 הָהָר הַטּוֹב הַזֶּה וְהַלְּבָנֹן

11 כִּי אֵל גָּדוֹל יְהוָה וּמֶלֶךְ גָּדוֹל עַל־כָּל־אֱלֹהִים

a. „Denn du, Herr, bist gut.“

b. „*Ich* bin Gott, dein Gott.“

c. „Mene, mene, tekel upharsin.“

d. „Denn ein großer Gott ist der HERR, und ein großer König über alle Götter.“

e. „denn groß ist der Tag des HERRN“

f. „dass ich der Herr bin, der Heilige in Israel“

g. „denn groß ist die Herrlichkeit des HERRN“

h. „Wer bist du, großer Berg“

i. „dieses gute Gebirge und den Libanon“

j. „denn heute ist Sabbat dem HERRN“

k. „Gott ist (für) Israel gut“

AUFGABE E

Es gilt, die hebräischen Texte den angegebenen Bibelstellen zuzuordnen. Es darf geblättert werden!

1 כִּי־יְהוָה נָתַן לָכֶם הַשַּׁבָּת

2 כִּי־מָלַךְ יְהוָה צְבָאוֹת
בְּהַר צִיּוֹן וּבִירוּשָׁלַםִ

3 וְאָנֹכִי יְהוָה אֱלֹהֶיךָ מֵאֶרֶץ מִצְרָיִם

4 וַיֹּאמֶר חִזְקִיָּהוּ אֶל־יְשַׁעְיָהוּ
טוֹב דְּבַר־יְהוָה אֲשֶׁר דִּבַּרְתָּ

5 כִּי־קָדוֹשׁ יְהוָה אֱלֹהֵינוּ

6 הָאִישׁ מֹשֶׁה גָּדוֹל מְאֹד בְּאֶרֶץ מִצְרַיִם

7 וֵאלֹהֵינוּ בַשָּׁמָיִם

8 מִשְׁלֵי שְׁלֹמֹה בֶן־דָּוִד מֶלֶךְ יִשְׂרָאֵל

9 דִּבְרֵי קֹהֶלֶת בֶּן־דָּוִד מֶלֶךְ בִּירוּשָׁלָםִ

10 יְהוָה צְבָאוֹת אֱלֹהֵי יִשְׂרָאֵל אֱלֹהִים לְיִשְׂרָאֵל

Die Bibelstellen dazu:

a. Prediger 1,1
b. Sprüche 1,1
c. Psalm 115,3
d. 2. Mose 11,3
e. 1. Chronik 17,24
f. Jesaja 39,8
g. Hosea 12,10
h. Jcsaja 24,23
i. 2. Mose 16,29
j. Psalm 99,9

AUFGABE F

In den folgenden Wortgruppen findest du zum Teil unbekannte Wörter, die aber im Anschluss erklärt werden.

1 חַנּוּן יְהוָה וְצַדִּיק

2 מָלַךְ אֱלֹהִים עַל־גּוֹיִם

3 כִּי עַם קָדוֹשׁ אַתָּה לַיהוָה אֱלֹהֶיךָ

4 כָּבְדָה מְאֹד יַד הָאֱלֹהִים שָׁם

5 כִּי זֶה אֱלֹהִים אֱלֹהֵינוּ עוֹלָם וָעֶד

6 בְּעִיר־יְהוָה צְבָאוֹת בְּעִיר אֱלֹהֵינוּ

7 כִּי־אֲנִי עַבְדְּךָ

8 אֲנִי־אֵל שַׁדַּי

9 וַיִּקְרָא מַלְאַךְ יְהוָה אֶל־אַבְרָהָם מִן־הַשָּׁמַיִם

10 וַיֹּאמֶר חוּרָם בָּרוּךְ יְהוָה אֱלֹהֵי יִשְׂרָאֵל

אֲשֶׁר עָשָׂה אֶת־הַשָּׁמַיִם וְאֶת־הָאָרֶץ

אֲשֶׁר נָתַן לְדָוִיד הַמֶּלֶךְ בֵּן חָכָם

Vokabelerklärungen:

1. Das erste Wort heißt *gnädig* und kommt von dem Verb חנן für „gnädig sein". Damit verwandt sind viele Namen, z. B. *Hanna* („die Begnadigte"), *Hanniel* („Gnade Gottes"), *Hananja*, *Johanan* und *Johannes* im Neuen Testament („Gott ist gnädig"). – Das letzte Wort צַדִּיק heißt „ein Gerechter/gerecht" und findet sich in dem Gottesnamen in Jeremia 23,6: „Jahwe-Zidkenu" für „Der HERR, unsere Gerechtigkeit". Auch in *Melchisedek* („König der Gerechtigkeit"; siehe Kap. 8) ist das Wort enthalten.

2. Das letzte Wort גּוֹי heißt *Volk*; im Plural sind damit allerdings meist die Nationen gemeint, also alle Nichtjuden.

3. עַם ist ein weiteres Wort für *Volk*, das oft für das Volk Israel selbst verwandt wurde. In Kapitel 7 hast du schon die ernste Bezeichnung aus Hosea 1,9 לֹא עַמִּי gesehen: „Nicht-mein-Volk“.

4. Erkennst du in dem ersten Wort die Konsonanten aus dem Wort für *Herrlichkeit*? In Kapitel 8 hast du erfahren, dass es zurückgeht auf einen Stamm mit der Bedeutung *schwer*, *gewichtig*. Die Form hier ist ein Verb in der 3. Person Singular feminin (vgl. die Endung mit der Verbtabelle in Kapitel 12). Das Wort יָד ist nämlich feminin! Im Wörterbuch steht כבד für „schwer sein“. – Das letzte Wort bedeutet *da* oder *dort*.

5. Die letzten beiden Wörter stehen für „immer und ewig“.

6. עִיר heißt *Stadt*.

7. עֶבֶד steht für *Sklave* oder *Knecht*. Beachte die Possessivendung. Hier noch ein paar Namen dazu: *Ebed-Melech* (Jeremia 38) ist wörtlich: „Knecht des Königs“; *Obed-Edom* heißt: „Einer, der Edom dienstbar ist“; *Abed-Nego* war „Diener des Nego“; *Obadja* ist „Diener des HERRN“. – Das Verb *dienen* heißt עבד.

8. Kennst du diesen Gottesnamen aus einem recht bekannten Lied? Er spricht von der Allmacht Gottes.

9. Das zweite Wort heißt *Bote*, steht aber auch oft für Gottes Himmelsboten, die Engel. – Der letzte Prophet im Alten Testament trägt den Namen „Bote des HERRN".

10. Das zweite Wort ist ein Name. – Das sehr häufige Verb עשה kann man ganz schlicht mit *machen* übersetzen. Hier ist es die typische Form, die auch im Wörterbuch steht: 3. Person Singular maskulin der Vergangenheit. – Das letzte Wort heißt *weise*. – Diesen langen Vers kannst du jetzt lesen und verstehen!!

Du brauchst noch Hilfe für die Übersetzung? Hier findest du die Bibelstellen dazu:

1	Psalm 116,5	6	Psalm 48,9
2	Psalm 47,9	7	Psalm 116,16
3	5. Mose 7,6	8	1. Mose 17,1
4	1. Samuel 5,11	9	1. Mose 22,15
5	Psalm 48,15	10	2. Chronik 2,11

LÖSUNGEN

Aufgabe A:

1 „Groß ist der HERR in Zion." (Psalm 99,2)

2 „Eglon, dem König von Moab" (Richter 3,17)

3 „der Geist des Herrn, HERRN" (Jesaja 61,1)

4 „Ich bin der Gott von Bethel" (1. Mose 31,13)

5 „ein Mann vom Haus Levi“ (2. Mose 2,1)

6 „Gott, du bist mein Gott!“ (Psalm 63,2)

7 „denn er ist ein Prophet“ (1. Mose 20,7)

8 „Nebukadnezar, der König von Babel“ (2. Könige 24,1)

9 „Denn du bist groß“ (Psalm 86,10)

10 „Und Jakob gab Esau Brot“ (1. Mose 25,34)

Aufgabe B:

1d „Und Gott der HERR sprach: Es ist nicht gut“

2g „Und Gott der HERR sprach zu der Frau“

3b „Und er rief den Namen des HERRN an.“

4k „Und Abram sprach zum König von Sodom“

5f „Er sprach: Mose! Mose! Und er sprach: Hier bin ich.“

6h „Und der König sprach: Das ist ein guter Mann“

7a „Der HERR rief vom Berg“

8l „Da sprach Nathan zu David: Du bist der Mann!“

9e „Und Achimaaz rief und sprach zum König: Frieden!“

10i „Und Mose sprach zu dem HERRN: Herr, ich bin kein Mann der Rede“ (wörtlich: „nicht ein Mann der Worte bin ich“)

11j „Und er sprach: Ich bin der Gott deines Vaters, der Gott Abrahams, der Gott Isaaks und der Gott Jakobs.“

12c „Und Mose sprach: Dies ist das Brot, das der HERR euch gegeben hat.“

Aufgabe C:

1. „Gepriesen sei heute der HERR“
2. „Gepriesen sei der HERR, der Gott meines Herrn Abraham“
3. „Gepriesen seist du, HERR, Gott unseres Vaters Israel“
4. „Höre, Israel: Der HERR, unser Gott, ist *ein* HERR!“
5. „Da sprach Jesaja zu Hiskia: Höre das Wort des HERRN der Heerscharen!“
6. „Und der HERR hörte auf die Stimme Israels“
7. „Und es geschah in jener Nacht, da erging das Wort des HERRN an Nathan“
8. „Und er wurde ein Widersacher Israels“
9. „aber/und alle Kinder Israel hatten Licht“ – („und bei allen Kindern Israel war Licht“)
10. „Es war ein Mann im Land Uz, sein Name war Hiob“

Aufgabe D:

1e (Joel 2,11)
2b (Psalm 50,7)
3g (Psalm 138,5)
4c (Daniel 5,25)
5j (2. Mose 16,25)
6f (Hesekiel 39,7)
7a (Psalm 86,5)
8h (Sacharja 4,7)
9k (Psalm 73,1)
10i (5. Mose 3,25)
11d (Psalm 95,3)

Aufgabe E:

1i – 2h – 3g – 4f – 5j – 6d – 7c – 8b – 9a – 10e

Aufgabe F:

1. „Gnädig ist der HERR und gerecht."
2. „Gott regiert über die Nationen."
3. „Denn ein heiliges Volk bist du dem HERRN, deinem Gott."
4. „Die Hand Gottes war dort sehr schwer."
5. „Denn dieser Gott ist unser Gott immer und ewig!"
6. „in der Stadt des HERRN der Heerscharen, in der Stadt unseres Gottes"
7. „denn ich bin dein Knecht!"
8. „Ich bin Gott, der Allmächtige (El Schaddai)."
9. „Der Engel des HERRN rief Abraham vom Himmel zu."
10. „Und Huram sprach: Gepriesen sei der Herr, der Gott Israels, der Himmel und Erde gemacht hat, dass er dem König David einen weisen Sohn gegeben hat."

Kapitel 14

Sieh dir den folgenden Text an. Alle Wörter müssten dir bekannt sein. (Übersetze hier das Wort אֵת mit *bei* und הוּא mit *es.*)

בְּרֵאשִׁית הָיָה הַדָּבָר וְהַדָּבָר הָיָה אֶת־הָאֱלֹהִים
וְהוּא הַדָּבָר הָיָה אֱלֹהִים

Kommen dir diese Worte bekannt vor? Es ist im Neuen Testament der erste Vers des Johannesevangeliums. Denn das Neue Testament gibt es natürlich auch auf Hebräisch! Die Kenntnisse, die du dir erworben hast, kannst du also auch hier anwenden, wenn es erforderlich sein sollte.

So lässt dir auch ein Blick in ein neuhebräisches Wörterbuch manches bekannt vorkommen:

טֶלֶפוֹן	Telefon
גָּדוֹל	groß
לֶחֶם	Brot
אוֹטוֹבּוּס	(Auto)Bus
בֵּית קָפֶה	Café
קָטָלוֹג	Katalog
אִיר יוֹם	Tageslicht
לַיְלָה טוֹב	Gute Nacht
בֵּית סֵפֶר	Schule (Buch-Haus)

Beachte aber bitte, dass im heutigen Israel „modernere“ Schriftzeichen verwendet werden – und meistens eben ohne Vokale!

EINE GANZ ANDERE SPRACHE

In Kapitel 11 solltest du diese Zeile versuchen zu lesen:

אָיִן לאֹבּ   גּוּת גְּמַחְת בִּס יֶצְת

Hattest du herausbekommen, was damit gemeint war? Mit hebräischen Buchstaben geschrieben sollte es heißen: „Ein Lob: Gut gemacht bis jetzt!“ Es war ein Scherz, gleichzeitig aber mehr als nur das, denn tatsächlich werden hebräische Buchstaben auch in einer anderen Sprache verwendet, und die ist sogar mit dem Deutschen verwandt!

Nimm dir einmal ein Blatt Papier und schreibe Laut für Laut auf, wie du die folgenden Wörter sprechen würdest.

Hinweise:

אָ sprich /o/ (offen!)	ע sprich /e/
יי sprich /ej/	וו sprich /w/

אין אָנהייבּ איז געווען דאָס וואָרט
אוּן דאָס וואָרט איז געווען בּיי גאָט
אוּן דאָס וואָרט איז געווען גאָט

Klingt das irgendwie bekannt[14]? Was du hier vor dir hast, ist der erste Vers des Johannesevangeliums auf **Jiddisch**. Es handelt sich dabei um eine noch heute weltweit von vielen Juden verwendete Sprache, die auf das Mittelhochdeutsche zurückgeht. Es ist also eine germanische Sprache, geschrieben mit (zum Teil abgewandelten) hebräischen Schriftzeichen, die allerdings viele Wörter aus dem Hebräischen, den slawischen und anderen Sprachen enthält.

Mit dem, was du bis jetzt gelernt hast, sind also auch die Voraussetzungen geschaffen für das Lesen dieser Sprache.

***

Wenn du dir nun ein „richtiges" Hebräischlehrbuch besorgst, solltest du noch einmal ganz vorn anfangen. Mit deinen Vorkenntnissen wirst du sofort viel Erfolg dabei haben. Du wirst aber auch sehen, dass manches, was du hier gelernt hast, noch verfeinert werden muss. Wir sagten ja am Anfang, dass die Darstellung in diesem Buch bewusst einfach gehalten ist.

Aber dass du weiter lernst, das hoffe ich wirklich, und dafür bete ich. Ich hoffe aber auch, dass du das Gelernte zur Ehre Gottes und

---

[14] Das zweite Wort steht für *Anfang*; vgl. im Deutschen „anheben, etwas zu tun".

zum Nutzen anderer Menschen anwenden willst. Trägst du mit dazu bei, dass sich Jeremia 22,29 erfüllt?

אֶרֶץ אֶרֶץ אָרֶץ שִׁמְעִי דְּבַר־יְהוָה

Namensverzeichnis

Auch mit dieser Liste kannst du das Lesen üben. Du hältst mit einem Blatt Papier die rechte Seite zu und vergleichst dann, ob du richtig gelesen hast.

אַבְרָם	Abram
אַבְרָהָם	Abraham
אַבְשָׁלוֹם	Absalom
אֱדוֹם	Edom
אָדָם	Adam
אוּרִיָּה	Uria
אוֹפִיר	Ophir
אֲחִימַעַץ	Ahimaaz
אַחְרַח	Achrach
אִיּוֹב	Hiob
אִי־כָבוֹד	Ikabod
אִיזֶבֶל	Isebel
אֵלִיָּה	Elia
אֱלִיהוּא	Elihu
אֱלִיפַז	Eliphas
אֶלְעָזָר	Eleasar

אֵל שַׁדַּי	El Schaddai (Gott, der Allmächtige)
אָסָא	Asa
אֶסְתֵּר	Esther
אֶפְרַיִם	Ephraim
אָסָף	Asaph
אַרְוַד	Arvad
אֶרֶץ־גֹּשֶׁן	Land Gosen
אָשֵׁר	Aser
אִתַּי	Ittai
בָּבֶל	Babel
בּוֹצֵץ	Bozez
בֵּית־אֵל	Bethel
בִּלְדַּד	Bildad
בֵּלְטְשַׁאצַּר	Beltsazar
בֶּן־אוֹנִי	Benoni
בִּנְיָמִין	Benjamin
בֹּעַז	Boas
בַּת־שֶׁבַע	Bathseba
גָּד	Gad
גִּדְעוֹן	Gideon

גּוֹג	Gog
גֵּחֲזִי	Gehasi
גִּלְגָּל	Gilgal
גְּרָר	Gerar

דָּוִד	David
דִּינָה	Dina
דָּן	Dan
דָּנִיֵּאל	Daniel

הָגָר	Hagar
הוֹשֵׁעַ	Hosea

זְבֻלוּן	Sebulon
זְכַרְיָה	Sacharja

חָבוֹר	Habor
חֲבַקּוּק	Habakuk
חַגַּי	Haggai
חוּרָם	Huram
חוּר	Hur
חִזְקִיָּהוּ	Hiskia

חִירָם Hiram

חָם Ham

חַנָּה Hanna

חֲנַנְיָה Hananja

חָפְנִי Hophni

חֹרֵב Horeb

חַרְחוּר Harhur

חֵת Heth

טוֹבִיָּה Tobija

יָאִיר Jair

יְבוּס Jebus

יָבִין Jabin

יְהוּדָה Juda

יְהוֹשֻׁעַ Josua

יְהוֹשָׁפָט Josaphat

יוֹאָב Joab

יוֹאֵל Joel

יוּבָל Jubal

יוֹנָה Jona

יוֹסֵף Josef

יְחֶזְקֵאל	Hesekiel
יְמִימָה	Jemima
יַעֲקֹב	Jakob
יֶפֶת	Japhet
יִצְחָק	Isaak
יָקְטָן	Joktan
יְרוּשָׁלַיִם	Jerusalem
יְרִיחוֹ	Jericho
יִרְמְיָהוּ	Jeremia
יִשְׁמָעֵאל	Ismael
יְשַׁעְיָהוּ	Jesaja
יִשְׂרָאֵל	Israel
יִשָּׂשכָר	Issaschar
כָּלֵב	Kaleb
כַּרְמֶל	Karmel
לֵאָה	Lea
לְבָנוֹן	Libanon
לוּד	Lud
לוֹט	Lot
לֵוִי	Levi

לְמוּאֵל	Lemuel
מָגוֹג	Magog
מוֹרִיָּה	Morija
מוֹאָב	Moab
מִיכָה	Micha
מַלְאָכִי	Maleachi
מְפִיבֹשֶׁת	Mephiboseth
מִפְקָד	Miphkad
מִצְרַיִם	Mizraim, Ägypten
מָרָא	Mara
מֵרַב	Merab
מִרְיָם	Miriam
מְרִיבָה	Meriba
מֹשֶׁה	Mose
נְבוֹ	Nebo
נְבֻכַדְנֶאצַּר	Nebukadnezar
נוּן	Nun
נַחוּם	Nahum
נָחוֹר	Nahor
נְחֶמְיָה	Nehemia

נִינְוֵה Ninive
נִמְרֹד Nimrod
נַפְתָּלִי Naphtali
נָתָן Nathan

סְדֹם Sodom
סִין Sin
סִיסְרָא Sisera
סֻכּוֹת Sukkoth
סַנְבַלַּט Sanballat

עֹבַדְיָה Obadja
עֲבֵד נְגוֹ Abednego
עֶגְלוֹן Eglon
עֵדֶן Eden
עוּץ Uz
עֶזְרָא Esra
עֲזַרְיָה Asarja
עָכָן Achan
עָמוֹס Amos
עֲמָלֵק Amalek
עֶקְרוֹן Ekron

עֵשָׂו	Esau
עָתְנִיאֵל	Othniel
פָּארָן	Paran
פּוֹטִיפַר	Potiphar
פַּלְטִיאֵל	Paltiel
פִּנְחָס	Pinehas
פְּנִיאֵל	Pniel
פְּנִנָּה	Peninna
פַּרְפַּר	Parpar
צִדְקִיָּהוּ	Zedekia
צִיּוֹן	Zion
צְפַנְיָה	Zephanja
צָפְנַת פַּעְנֵחַ	Zaphnat-Pahneach
צֹפַר	Zophar
צִפֹּרָה	Zippora
צְרוּיָה	Zeruja
קִדְרוֹן	Kidron
קְטוּרָה	Ketura
קַיִן	Kain

קִישׁ	Kis
קֹרַח	Korah
רְאוּבֵן	Ruben
רַבָּה	Rabba
רִבְקָה	Rebekka
רוּת	Ruth
רָחֵל	Rahel
רָמָה	Rama
שָׁאוּל	Saul
שַׁדְרַךְ	Sadrach
שִׁטִּים	Sittim
שֵׁם	Sem
שְׁמוּאֵל	Samuel
שִׁמְעוֹן	Simeon
שֵׁת	Seth
תִּגְלַת פִּלְאֶסֶר	Tiglat-Pileser
תָּמָר	Tamar
תְּקוֹעַ	Tekoa
תֶּרַח	Tarah

תִּרְצָה	Tirza
תַּרְשִׁישׁ	Tarsis

Vokabelverzeichnis Hebräisch-Deutsch

Die Verben haben üblicherweise nur die drei Konsonanten, weil man sie so in den meisten Wörterbüchern findet. Als Übersetzung steht jedoch jeweils der deutsche Infinitiv (Grundform).

Hebräisch	Deutsch
אָב	Vater
אֶבֶן	Stein
אָדוֹן	Herr
אָדָם	Mensch, Menschengeschlecht
אָדֹם	rot
אוֹ	oder
אוֹר	Licht
אֶחָד	ein (Zahlwort)
אָח	Bruder
אִישׁ	Mann; jemand
אֶל אֶל־	für, zu, in Richtung auf
אֵל	Gott
אֱלֹהִים	Gott
אֵם	Mutter
אָמֵן	Amen, gewiss
אָנֹכִי אֲנִי	ich

אֵפוֹד	Ephod
אֶרֶץ	Erde, Land
אִשָּׁה	Frau
אֲשֶׁר	welcher, welche, welches
אֵת אֶת־	*Objektmarker*
אַתָּה	du (m.)
בֵּן	Sohn
בַּקְבֻּק	Flasche, Krug
ברא	schaffen
בָּרוּךְ	gesegnet, gepriesen sei
ברך	segnen, preisen
גָּדוֹל	groß
גּוֹי	Volk
דבר	reden, sprechen
דָּבָר	Wort, Sache
דָּג	Fisch
דָּם	Blut
הוּא	er

הָיָה er/es war, es geschah

הַיּוֹם heute

הַלְלוּ־יָהּ Halleluja

הִנְנִי hier (bin) ich

הַר Berg, Gebirge

וַיֹּאמֶר (und) er sprach

וַיִּקְרָא (und) er redete, rief (an)

וַיִּשְׁמַע (und) er hörte

זֶה dies, dieser usw.

חָכָם weise

חַנּוּן gnädig

חנן gnädig sein

חֶסֶד Gnade, Güte

טוֹב gut

יָד Hand

יְהוָה der HERR (Jahwe, Adonaj)

יְהִי es werde

יוֹם	Tag
כָּבוֹד	Herrlichkeit
כבד	schwer sein
כִּי	denn, weil, dass
כָּל־ כֹּל	alle, jeder, ganz
כְּתוּבִים	Schriften
לֹא	nicht, kein
לֶחֶם	Brot
לַיְלָה	Nacht
לָכֶם	(für) euch
לָמָּה	warum
מְאֹד	sehr, viel
מִדְבָּר	Wüste
מִי	wer?
מְלֹא	voll
מַלְאָךְ	Bote, Engel
מֶלֶךְ	König, Pl. מְלָכִים
מלך	herrschen
מִן	aus, von

מִשְׁלֵי שְׁלֹמֹה	Sprüche Salomos
נָבִיא	Prophet, Pl. נְבִאִים
נתן	geben
עבד	dienen
עֶבֶד	Sklave, Knecht
עוֹלָם וָעֶד	immer und ewig
עִיר	Stadt
עַל	auf, über
עַם	Volk
עשה	machen
רֹאשׁ	Haupt
רֵאשִׁית	Anfang
רוּחַ	Geist
סוּס	Pferd
סֶלָה	Sela (Psalmzeichen)
סֵפֶר	Buch, Brief
פּוּר	Pur (Los)

צְבָאוֹת	Heerscharen
צַדִּיק	gerecht
קָדוֹשׁ	heilig
קדשׁ	heilig sein, weihen
קֹהֶלֶת	Prediger
קוֹל	Stimme, Laut
שַׁבָּת	Sabbat
שָׁלוֹם	Frieden, Wohlergehen
שָׂטָן הַשָּׂטָן	Widersacher; Satan
שִׁיר הַשִּׁירִים	Lied der Lieder/Hohelied
שָׁם	da, dort
שֵׁם	Name
שָׁמַיִם	Himmel
שׁמע	hören
שִׁמְעִי שְׁמַע	höre!
תֹּהוּ וָבֹהוּ	Wüste und Leere
תּוֹרָה	Gesetz

Vokabelverzeichnis Deutsch-Hebräisch

alle, jeder, ganz	כָּל־ כֹּל
Amen	אָמֵן
Anfang	רֵאשִׁית
auf, über	עַל
aus, von	מִן
Berg, Gebirge	הַר
Blut	דָּם
Bote, Engel	מַלְאָךְ
Brief	סֵפֶר
Brot	לֶחֶם
Bruder	אָח
Buch	סֵפֶר
da, dort	שָׁם
dass	כִּי
denn	כִּי
dienen	עבד
dies, dieser usw.	זֶה
diese (Pl.)	אֵלֶּה
du (m.)	אַתָּה

ein (Zahlwort)	אֶחָד
Engel, Bote	מַלְאָךְ
Ephod	אֵפוֹד
er	הוּא
er hörte	וַיִּשְׁמַע
er redete/rief (an)	וַיִּקְרָא
er sprach	וַיֹּאמֶר
er/es war, es geschah	הָיָה
Erde	אֶרֶץ
es werde	יְהִי
euch (= für euch)	לָכֶם
Fisch	דָּג
Flasche, Krug	בַּקְבֻּק
Frau	אִשָּׁה
Frieden, Wohlergehen	שָׁלוֹם
für, zu, in Richtung auf	אֶל אֶל־
ganz, alle, jeder	כָּל־ כֹּל
geben	נתן
Geist	רוּחַ
gerecht	צַדִּיק

gesegnet/gepriesen sei	בָּרוּךְ
Gesetz	תּוֹרָה
Gnade, Güte	חֶסֶד
gnädig	חַנּוּן
gnädig sein	חנן
Gott	אֵל
Gott	אֱלֹהִים
groß	גָּדוֹל
gut	טוֹב
Halleluja	הַלְלוּ־יָהּ
Hand	יָד
Haupt	רֹאשׁ
Heerscharen	צְבָאוֹת
heilig	קָדוֹשׁ
heilig sein, weihen	קדשׁ
Herr	אָדוֹן
HERR	יְהוָה
Herrlichkeit	כָּבוֹד
herrschen	מָלַךְ
heute	הַיּוֹם
hier (bin) ich	הִנֵּנִי

Himmel	שָׁמַיִם
höre!	שִׁמְעִי שְׁמַע
hören	שמע
ich	אָנֹכִי אֲנִי
immer und ewig	עוֹלָם וָעֶד
in Richtung auf, für, zu	אֶל
Jahwe	יְהוָה
jeder, alle, ganz	כָּל־ כֹּל
jemand	אִישׁ
kein, nicht	לֹא
Knecht	עֶבֶד
König	מֶלֶךְ מְלָכִים Pl.
Krug, Flasche	בַּקְבֻּק
Land	אֶרֶץ
Laut	קוֹל
Licht	אוֹר
Lied der Lieder	שִׁיר הַשִּׁירִים

machen עשה

Mann; jemand אִישׁ

Mensch, Menschengeschlecht אָדָם

Mutter אֵם

Nacht לַיְלָה

Name שֵׁם

nicht, kein לֹא

oder אוֹ

Pferd סוּס

Prediger קֹהֶלֶת

preisen, segnen ברך

Prophet Pl. נְבִיאִים נָבִיא

Pur (Los) פּוּר

reden, sprechen דבר

rot אָדֹם

Sabbat שַׁבָּת

Sache, Wort דָּבָר

Satan, Widersacher	שָׂטָן הַשָּׂטָן
schaffen	ברא
Schriften	כְּתוּבִים
schwer sein	כבד
segnen, preisen	ברך
sehr, viel	מְאֹד
Sela (Psalmzeichen)	סֶלָה
Sklave, Knecht	עֶבֶד
Sohn	בֵּן
sprechen, reden	דבר
Sprüche Salomos	מִשְׁלֵי שְׁלֹמֹה
Stadt	עִיר
Stein	אֶבֶן
Stimme, Laut	קוֹל
Tag	יוֹם
Vater	אָב
viel, sehr	מְאֹד
Volk	גּוֹי
Volk	עַם
voll	מְלֹא

von, aus	מִן
warum	לָמָּה
weil	כִּי
weise	חָכָם
welcher, welche, welches	אֲשֶׁר
wer?	מִי
Widersacher, Satan	שָׂטָן הַשָּׂטָן
Wohlergehen, Frieden	שָׁלוֹם
Wort, Sache	דָּבָר
Wüste und Leere	תֹּהוּ וָבֹהוּ
Wüste	מִדְבָּר
zu, für, in Richtung auf	אֶל

Bücher, die weiterhelfen

(Stand der Preise: 2014)

Biblia Hebraica Stuttgartensia, Stuttgart (Verlag Deutsche Bibelgesellschaft). Studienausgabe als Taschenbuch. 20 €

Thomas O. Lambdin und Heinrich von Siebenthal, *Lehrbuch Bibel-Hebräisch,* Gießen (Brunnen-Verlag). 35 €. Dazu gibt es noch einen Lösungs- und Begleitband vom selben Verfasser. 17 €

Heinz-Diether Neef, *Arbeitsbuch Hebräisch,* Stuttgart (UTB). 25 €

Georg Fohrer, *Hebräisches und aramäisches Wörterbuch zum Alten Testament*, Berlin (Verlag De Gruyter). 30 €

Du kannst auch versuchen, diese oder gleichwertige Bücher gebraucht zu erstehen (z. B. www.amazon.de, www.booklooker.de, www.zvab.com). Achte aber immer darauf, dass es sich um biblisches Hebräisch und nicht um modernes Hebräisch handelt.

Die folgende Software zum Thema ist empfehlenswert:

CD-ROM Sprachkurs Biblisches Hebräisch. Deutsche Bibelgesellschaft. 22 €

Vokabeltrainer Hebräisch – Griechisch – Lateinisch. R.Brockhaus. 42 €.
Siehe auch: http://www.vokabeln.de/altesprachen/index.htm

Wenn du Englisch kannst (und da musst du kein Profi sein!), ist auch diese Software sehr hilfreich: *Hebrew Tutor* von Parsons Technology.
Hilfreiche Links im Internet finden sich hier:
www.hebraeischkurs.de

Verwendete Hilfsmittel

Die Bibel – Elberfelder Übersetzung (Edition CSV Hückeswagen) 1. Auflage 2005

Das Neue Testament Hebräisch und Jiddisch, Hitchin (The Society for Distributing Hebrew Scriptures) 1994

Baker, Warren (ed.), *The Complete Word Study Old Testament*, Chattanooga TN (AMG Publishers) 1994

Beyer, Klaus, *Althebräische Grammatik*, Göttingen (Vandenhoeck & Ruprecht) 1969

Edel, Reiner-Friedemann, *Repetitorium der hebräischen Grammatik,* Marburg (Ökumenischer Verlag Dr. R. F. Edel) 4. Auflage 1977

Fürst, Julius, *Hebräisches und chaldäisches Schulwörterbuch über das Alte Testament*, Leipzig (Otto Holtzes Nachfolger) 1905

Gesenius, Wilhelm, *Handwörterbuch über das Alte Testament*, Leipzig (Verlag von F. C. W. Vogel) 17. Auflage 1921

Hebrew Phrase Book and Dictionary, Princeton NJ (Berlitz Publishing Company) 2. Auflage 1997

Kittel, Rudolf (ed.), *Das Alte Testament Hebräisch-Deutsch*, Stuttgart (Württembergische Bibelanstalt) 11. Auflage1974

Kramer, Johannes / Kowallik, Sabine, *Einführung in die hebräische Schrift*, Hamburg (Helmut Buske Verlag) 1994

Lambdin, Thomas O., *Introduction to Biblical Hebrew,* London (Charles Scribner's Sons) 17th Printing 2004

Landmann, Salcia, *Jiddisch: Das Abenteuer einer Sprache,* Frankfurt/Berlin (Ullstein) 4. Auflage 1992

Leander, P., *Hebreisk Grammatik*, Stockholm (P. A. Norstedt & Söners Förlag) 1911

Meister, Abraham, *Biblisches Namen-Lexikon*, Pfäffikon/Schweiz (Verlag Mitternachtsruf) 2. Auflage1984

Peisker, Carl Heinz, *Hebräische Wortkunde*, Göttingen (Vandenhoeck & Ruprecht) 2. Auflage 1967

Peters, Benedikt, *Das Buch der Psalmen: Teil 3*, Dillenburg (Christliche Verlagsgesellschaft) 2010

Schneider, Wolfgang, *Grammatik des biblischen Hebräisch*, München (Claudius Verlag) 2. Auflage 1976

Schneider, Wolfgang, *Hebräisch – ein Fernstudium in 24 Lektionen*, Hannover (Kirchenamt der Evangelischen Kirche in Deutschland) 2. Auflage 1983

Silzer, Peter James / Finley, Thomas John, *How Biblical Languages Work*, Grand Rapids MI (Kregel Publications) 2004

Tenney, Merrill C., *Namen und Begriffe der Bibel*, Wetzlar (Hermann Schulte) 1970

Weingren, J., *Hébreu biblique – Méthode élémentaire*, Paris (Beauchesne) 1984

Young, Robert, *Young's Analytical Concordance to the Bible*, Peabody MA (Hendrickson Publishers) 2008

Außerdem habe ich das zum großen Teil kostenlose Bibelprogramm unter www.e-sword.net benutzt.

Der Download der hebräischen Schriftzeichen erfolgte über www.bible works.com/fonts.html

Auf die Beachtung der Copyright-Regeln wird ausgedrücklich verwiesen.

Die Tastaturbelegung wurde von http://www.hebraeischkurs. de/download.html zur Verfügung gestellt. Herrn PD Dr. Detlef Dieckmann-von Bünau meinen ausdrücklichen Dank dafür!

Weitere Quellen aus dem Internet:

http://bhcv.hebrewtanakh.com/

http://www.tanach.us/Tanach.xml#Home

http://de.wikipedia.org/wiki/Hebräisches_Alphabet

http://www.scripture4all.org/OnlineInterlinear/Hebrew_Index.htm

Die **Konsonanten** und ihre Aussprache (vereinfacht!)

1	א	*Vokalträger*	Aleph
2	ב בּ	/w/ - mit Punkt /b/	Beth
3	ג גּ	/g/	Gimel
4	ד דּ	/d/	Daleth
5	ה הּ	/h/ - oft auch stumm	He
6	ו	/w/ - וֹ /o/ - וּ /u/	Waw
7	ז זּ	/s/ (stimmhaft!)	Sajin
8	ח	/ch/ oder /h/	Cheth
9	ט טּ	/t/	Teth
10	י יּ	/j/	Jud
11	כ כּ	/ch/ - mit Punkt /k/ - Wortende: ך	Kaph
12	ל לּ	/l/	Lamed
13	מ מּ	/m/ - Wortende: ם	Mem
14	נ נּ	/n/ - Wortende: ן	Nun
15	ס סּ	/ß/	Samech
16	ע	*Vokalträger*	Ajin
17	פ פּ	/f/ - mit Punkt /p/ - Wortende: ף	Pe
18	צ צּ	/ts/ - Wortende: ץ	Zade
19	ק קּ	/k/	Qoph
20	ר	/r/	Resch
21	ש	שׁשּׁ: /sch/, שׂשּׂ: /ß/	Schin/Sin
22	ת תּ	/t/	Taw

Die **Vokale** und ihre Aussprache (vereinfacht!)

אַ אֲ	/a/ (kurz)	Patach
אָ אֳ	/a/ (lang)	Qamez
אֶ אֱ	/ä/	Segol
אֵ	/e/	Zere
אִ	/i/	Chireq
אֹ	/o/	Cholem
וֹ	/o/	Cholem magnum
אֻ	/u/	Qibbuz
וּ	/u/	Schureq
אְ	/e/ (schwach!)	Schwa